상가중개영업 실무
이 책 한 권이면 끝

상가중개영업실무
이 책 한 권이면 끝ㅡ

초판인쇄 2019년 9월 2일
초판 2쇄 2020년 3월 6일

지은이 강성일
펴낸이 채종준
펴낸곳 한국학술정보(주)
주소 경기도 파주시 회동길 230(문발동)
전화 031 908 3181(대표)
팩스 031 908 3189
홈페이지 http://ebook.kstudy.com
E-mail 출판사업부 publish@kstudy.com
등록 제일산ㅡ115호(2000. 6. 19)

ISBN 978-89-268-9548-1 13320

1년 만에 연봉 1억을 달성한 강 소장의 특급 노하우

상가중개영업 실무
이 책 한 권이면
끝

강성일 지음

이담 Books

강 소장은 누구인가?

안녕하세요, 강 소장이라고 합니다.

저는 현재 강남에서 부동산중개를 업으로 일하고 있습니다. 여러분들과 똑같이 발로 뛰는 부동산 중개업자입니다. 상가중개로 부동산을 시작했고 상가 사무실 고급빌라 토지매매의 경험이 있지만, 전체 계약의 90%는 상가입니다.

강 소장의 부동산 창업 키워드입니다.

'1인 창업'

'시장에서 반드시 살아남는 창업'

'월 지출 30만 원 창업'

'망하지 않는 창업'

'연봉 1억에 도전하는 창업'

한 줄로 요약하면 '1인 창업으로 시작해서 월 30만 원 지출로 부동산 시장에서 반드시 살아남아 연봉 1억에 도전한다.' 이것이 저의 부동산 창업 키워드입니다.

창업 시작은 강남의 월세 28만 원짜리 합동사무실이었습니다. 로드 손님 한 명도 없이 여러 명이 사용하는 합동사무실의 업무 환경은 그렇게 좋지 못합니다. 내가 통화 하는 게 불편하면 타인도 불편할 것이고 내가 타인의 통화 소리로 불편을 느끼면 타인 역시 불편함을 느끼는 환경입니다. 하지만 반드시 살아남는 것이 목적이므로 부담 없는 월 지출 때문에 저는 선택을 했습니다. 그럼 제가 도전했던 창업 목표를 이루었을까요?

그렇습니다. 저는 월세 28만 원에 6개월 광고비 24만 원 정도를 유지하면서 1차 목표인 연봉 1억 달성을 했습니다. 그럼 제가 어떻게 달성을 했는지 구체적으로 말씀드리겠습니다.

정확히 부동산중개를 업으로 시작한 2016년 10월부터 2018년 4월까지(2017년 6월~12월 자격증 취득 기간 및 창업 기간 제외) 12개월 차에 월평균 900만 원 연간 10,800만 원 정도의 소득을 올릴 수 있었습니다. 2018년만 따진다면 중개업으로 정확히 9,000만 원 정도의 소득을 올렸습니다. 이렇게 합동사무실에서 2019년 4월까지(최근 이사) 영업해서 소기의 목표를 달성했는데 이것은 상가라는 업종을 선택했기 때문에 가능했으리라 생각합니다.

부동산 상가 영업은 중개업에 종사하는 사람이라면 누구나 도전하고 싶어 하는 분야이며 주택 전·월세와 아파트보다 난이도가 꽤 높은 편입니다. 왜냐하면, 계약서를 두 번 쓰기 때문입니다. 권리금이 있어서, 상인들이 원하는 권리금을 받아줘야 임대차 계약이 완성되기 때문입니다. 권리금은 바닥권리, 시설권리, 영업권리로 이루어져 있으며, 이것을 제대로 이해하려면, 상권과 입지, 발생 가능한 매출과 업종별 특성까지 알고 있어야 임차인에게 휘둘리지 않고 제대로 중개인의 권리를 찾으면서 계약을 진행할 수 있습니다. 이렇듯, 단순한 임대차 계약을 쓰는 것과는 다르게 들어가는 노력과 지식이 있어야 하기에 소득 또한 높은 편입니다. 중개업은 자격증만 있으면 창업이 가능한 진입장벽이 낮은 업종이기에, 고수들은 업무 노하우 공개를 매우 꺼리는 것이 현실입니다. 때문에, 상가 영업은 배우기가 쉽지 않습니다.

저는 상가중개영업으로 상가 양타 계약을 한 달에 많으면 4건까지 월평균 2건을 썼습니다(손님, 물건 모두 본인이 진행, 업계에서는 양타라고 합니다). 보통 상가중개업계에서 에이스의 기준은 기복없이 꾸준히 계약을 쓰는 사람을 말하는데, 사무실에 입금하고 가져가는 월 순소득은 500~1,000만 구간입니다. 사무실 입금 건 때문에 (30~50%) 연 매출이 1억이라 해도 5,000~7,000만밖에 못 벌어 가는 겁니다. 이런 사람들이 상가중개업계에서는 에이스라고 부르며, 상가중개업에서 연봉 1억은 보기 드문 게 현실입니다. 그럼 '나와서 차리면 되지 않겠는가?'라는 반문이 생깁니다. 맞습니다. 나와서 차리면 되는데, 그렇게 되면 물건작업부터 다시 시작해야 하며, 광고비, 사무실 비용, 이것저것 지출이 많아지니 십중팔구는 직원으로 생활하며 지내게 되는 것입니다. 저는 직원생활 3개월 이후 1인 창업을 해서 나름대로 중개업에 정착했습니다. 특이한 점은 발로 뛰는 물건작업의 과정 없이 꾸준하게 계약을 쓰고 있는데요(심지어는 계약 쓰러 갈 때 물건을 처음 보는 사례도 있습니다), 이것이야말로 모든 부동산업을 하는 사람들의 목마름을 해결해줄 영업 노하우입니다.

참고로 제가 부동산업에 비교적 일찍 정착하게 된 계기는 보험사 출신이기 때문입니다. 저는 개척 영업으로(보험사 용어로는 돌입방문, 방문판매) 매주 신계약 3건을 연속으로 57주까지 했었습니다. 당연히 보험사 연봉 1억이라는 MDRT를 했습니다(MDRT 홈페이지 저자 이름 검색 가능). 보험사 경험이 있는 분들은 아시겠지만, 보험업은 특히 제가 몸담았던 생명 보험업은 무형의 상품을 파는 거라서 인맥을 통한 소개 영업이 보편적인 영업 방법입니다. 개척 영업은 힘들고 어려워서 신입 시절 경험용으로 하는 경우 외에 다들 기피하는 영업방식입니다. 제가 이렇게 악착같이 개척 영업으로 성과를 올릴 수 있었던 건 갈 곳이 없었던 27살의 갓 대학을 졸업한 사회초년생이라는 열악한 환경과 목표를 달성하고자 하는 의지 두 가지가 결합하였기에 가능했으리라 생각합니다. 남들이 보기에 불가능한 것을 가능하게 했기에 매우 신기하게 보겠지만 여기에는 비밀이 숨겨져 있습니다. 그것은 바로 전략입니다. 마찬가지로 중개업 역시 연봉 1억이라는 목표가 있으면 목표를 달성하기 위한 수단이 있고 그것을 가장 효율적으로 달성하기 위한 전략이 필요합니다. 열정과 포기하지 않는 의지 그리고 목표를 가능하게 만드는 전략이 있다면 '불가능은 없다'라는 것이 지금까지 살아온 저의 인생이 증명합니다.

이 책은 저자의 순수 경험으로만 이루어진 책입니다. 1인 창업 시점에서 그동안 계약을 쓰기까지 수많은 실패를 거듭하면서 나온 계약들이기에 많은 시행착오와 숨겨진 노하우가 담겨 있습니다. 시중에 나온 책들은 모두 지식을 전달하는 중개 실무이거나 중개업소 운영 측면을 다루는 내용이 전부입니다. 오프라인 교육이나 온라인 교육이 있다고 하더라도 컴퓨터, 블로그, 유튜브 교육이 목적입니다. 그 어디에도 부동산 중개영업에 그것도 상가중개에 대하여 자신의 노하우를 공개하는 책은 없습니다. 현직에 계시거나 부동산업으로 전직을 생각하시는 모든 분에게 큰 도움이 될 것으로 생각합니다. 특히 상가중개영업을 전문으로 생각하시는 분들께는 감히 정석 수학에 비견될 만큼 상가중개 시장에서 교과서로 불리게 될 것이라 믿어 의심치 않습니다. 1인 창업 소자본 창업자분들께서는 책의 내용대로 제1장부터 제4장까지 최소한 3회 이상 정독하시고 그대로 따라가시면 됩니다. 하지만 저의 방식을 따라 한다고 해서 누구나 다 많은 계약을 쓰기는 어려울 겁니다. 왜냐하면, 개인의 역량도 다르고 노력의 정도도 다르기 때문입니다.

저자의 영업방식은 개척 영업에 뿌리를 두고 있습니다. 이것은 많은 활동량과 노력을 근간으로 하는 근면, 성실이 따라주어야 합니다. 꼭 기억하셔야 합니다. 나의 피땀 흘린 노력은 실패에서 성공으로 반드시 보답합니다. 실패를 최대한 많이 하셔야 합니다. 그리고 그 실패는 없어진 게 아니라 내공으로 나의 경험과 지혜로 가슴과 머리에 저장되는 겁니다.

포기하지 말고 도전하세요!

강 소장(강성일) 드림

1년 만에 연봉 1억을 달성한 강 소장의 파란만장 중개영업 스토리

제1편 - 강 소장의 최초 부동산 입문과정

저는 2013년 8월 직장생활을 그만두고(모 기업 신용 평가회사) 야생의 세계(?)로 돌아왔습니다.

사회성이 부족해서 직장생활을 잘못하기도 했고, 보험업을 통해 돈 맛을 봤고, 부동산 전공자로서 언젠가는 부동산으로 성공한다는 열망이 있어서 과감히 회사를 그만두고 부동산업에 도전했었습니다. 2013년 9~12월까지 서울과 대구를 오가면서 4개월간 총 7건의 계약을 성사시켰습니다(원래 서울 사람이지만 당시 개인 사정으로 연고가 없는 대구에서 거주해야 했습니다). 누구의 도움도 없이 손님 물건 모두 제가 확보해서 계약했습니다. 이때가 저의 생초보 시절이었습니다.

9월 서울 인덕대 앞 지하 호프집 1건, 회기역 개고깃집 1건, 합 2건
10월 공인중개사 1차 합격
11월 대구 동호 지구 노래방 3건
12월 대구 mbc 네거리 음식점 1건, dvd방 1건, 합 2건
이렇게 스케줄을 진행했습니다. 다만 저는 권리금에 대한 개념이 없어서 고객이 얘기하는 권리금을 그대로 말하고 깎고 해서 계약을

진행했습니다. 모두 법정 중개 수수료만 받았습니다. 당시 대구혁신도시에 있던 부동산에서는 저한테 단 한 번도 권리금 작업에 대한 코칭을 해주지 않았습니다. 지금 생각해보면 좀 너무하지 않았나 하는 생각이 듭니다.

  초보의 눈으로 경험해본 상가중개영업은 너무 힘들었습니다. 힘들었던 이유는 물건을 팔고 싶어도 손님 광고를 또 해야 하고, 손님 마음에 드는 물건을 찾아 드려야 계약이 되기에 제가 할 수 있는 일은 무척이나 제한적이었습니다. 보험을 예로 들면 보험은 내가 주도적으로 나의 의지에 따라 움직이고, 고객은 최종 선택을 하는 영업입니다. 또한 가격이 월 납입액으로써 감당할만한 금액이기에 공격적인 영업이 가능하나, 부동산은 금액이 많고 생업을 걸고 하는 생활형 창업이 많아서 대단히 신중하기에 커다란 벽을 느꼈습니다. 하지만 저도 역시 제 모든 걸 걸고 일을 했습니다. 당시 제가 한 광고는 일간 지역신문에 5건의 광고비를 지불하고 물건작업을 해서 나온 물건을 광고하는 게 전부였습니다. 물건작업은 일일이 돌아다니면서 인사하고 명함 돌리는 일로 발품을 팔았습니다. 참고로 이 방법은 상가 전문부동산을 가면 배울 수 있는 전통적인 상가중개영업의 방법입니다. 이 방법은 힘들지만, 반드시 경험해야 기본기가 생기니 꼭 하셔야 합니다.

제2편 - 부동산 유관업무의 경험

2014년 1월 이후로 부동산업에 변화가 일어났습니다. 부동산중개업법 개정으로 개업 공인중개사만 광고할 수 있게 바뀌었습니다. 당시 중개보조원이었던 저는 저의 휴대폰 번호로 광고를 할 수 없게 되어서 부동산을 그만두었습니다. 저의 대안은 법인 컨설팅이었습니다. 4년간의 법인영업을 했으며 법인고객 DB를 가지고 있으니 선택의 여지가 없었던 것입니다. 법인 컨설팅을 해주고 보수로 보험을 판매하는 구조였는데, 돈을 조금 벌다가, 교통사고를 당하여 손등뼈가 골절되고, 개인적인 가정사가 생겼고, 공인중개사 시험을 만만하게 보다가 공법과락으로 시험에서 떨어졌습니다. 2014년은 지금까지의 인생에서 가장 힘들었던 시기였던 것 같습니다.

2014년 11월부터는 마음을 추스르고 다시 부동산 일을 하기 위해 이곳저곳 시장조사를 하게 됩니다. 그때 눈에 들어오는 것이 사무실 중개영업이었습니다. 사무실 임대를 전문으로 하는 강남의 모 외국계 부동산 회사에서 일하게 됩니다. 1달 교육을 받고 2달간 사무실 영업을 했는데 이때 400만 원짜리 한 건 소형사무실 양타 계약을 하고 그만둡니다. 이때 저만의 개척 영업방식으로 사무실중개영업에 대한 전략을 수립하게 됩니다.

하지만 상가중개영업을 다시 해보고 싶은 마음은 계속 올라오고 있었습니다. 상가 시장에서 프랜차이즈의 영향력은 상당합니다. 그래서 프랜차이즈를 배우기 위해서 b로 시작하는 치킨 회사에 취업하게 됩니다. 약 1년간 프랜차이즈 가맹 영업을 진행하면서 회사에서 전체 3등의 가맹 실적을 달성하고 유명 샤브 업체로 이직하여 3개월을 다니고 그만둡니다(이때 저는 매출분석에 대한 컨설팅 방법을 터득해서 상가중개영업을 할 때 전문성을 가지게 되었습니다).

다시 부동산으로 복귀하는데, 잠깐 토지를 공부하고 싶은 마음에 기획부동산으로 한 달 보름간 출근을 하면서 기획부동산이 어떠한 곳인지 알게 됩니다. 2016년 10월 9일 저는 이때부터 부동산업을 본격적으로 하게 됩니다.

제2.5편 - 본격적인 부동산중개업 입문 전 내공 체크

부동산을 본격적으로 시작하기 전 저는 상가 3개월, 사무실 2개월, 프랜차이즈 1년 3개월, 기획부동산 토지 2달(한 달 보름)의 부동산 경험을 했습니다. 상가의 경우 3개월간 7건의 계약을 함으로써 어떻게 해야 계약이 나오는지를 알게 되었습니다(오프라인 물건작업으로만 했음). 사무실의 경우 2개월간 1건의 계약을 했지만, 이것은 제가 의도한 바였습니다. 어찌 됐든 사무실의 경우 상가와 비슷하게 벌어도 소득 노출이라는 점과 손님과 많이 움직여야 한다는 점, 상가보다 사무실이 경쟁이 치열하고 소득이 더 적고 더 바쁩니다. 마지막으로 소득 노출이 100% 된다는 점은 단점입니다. 다만 사무실은 한 번 만들어 놓으면 꾸준히 먹고 삽니다. 연봉 5,000 정도는 꾸준하게 쳐주면서 갈 수 있습니다. 이건 큰 장점이라고 생각합니다. 사무실도 남들과 다른 나만의 전략이 수립되어 있습니다. 이것은 나중에 사무실 편에서 다루겠습니다. 토지의 경우, 시장성이 무궁무진합니다. 중개로 돈을 벌려면 반드시 나중에 토지를 하셔야 합니다. 모양이 이쁘지 않은 토지, 땅이 가라앉은 토지 이런 것들을 매우 저렴하게 사서 가공해서 비싸게 팔거나, 향후 5년 이내 종상향이 될 만한 토지를 사서 되판다거나(종상향이 될 만한 것들은 비싼 거 말고 지방에서 찾으면 됩니다), 잡종지 같은 걸 사서 건물을 지어서 팔든가, 여러 가지의 방법이 있습니다. 평택을 예로 들면 과거 10년 전의 토지가격과 현재 시점의 토지가격과 앞으로 향후 10년 후의 토지가격은 다릅니다. 30년 사이에 무수한 일들이 일어나는데요, 대기업이 들어오고, 신도시가 들어오고 지하철이 생기고 고속도로가 생기고 이러한 큰 이슈들이 들어올 때마다 땅값은 요동칩니다. 그럼 역으로 생각해보면 이슈가 없었던 지역을 타깃으로 생각해 봐야 하며, 이슈가 없었으니 땅값이 저렴하겠죠, 교통망을 봐야 할 것이고, 지역 인구의 유입과 유출의 흐름도 봐야 하고, 현 정부의 균형발전이라는 측면도 봐야겠죠. 내가 창고부지, 공장용지, 물류부지가 필요한 사람 관점에서 토지를 볼 때 어떤 토지를 구매할 것인지도 생각해보면 재미있습니다.

보통 부동산중개업자의 업무 흐름도를 볼 때 이렇게 간다고 생각합니다.

주택 전·월세 〈 아파트 = 사무실 = 고급주택 〈 상가 〈 빌딩매매 =〈 토지 〈 부동산개발

아무튼… 저는 부동산을 완전 업으로 생각했을 때 심각한 고민을 하게 됩니다.

완전 시작점인 주택 전·월세부터 해볼까? 아니면 상가부터 해볼까? 결국, 상가를 선택하고 강남에 있는 상가 전문부동산이라고 하는 몇 곳 면접을 보고 들어가게 됩니다.

제3편 – 부동산중개를 업으로 선택하다

저는 2016년 10월 9일부터 본격적으로 부동산을 업으로 일을 시작했습니다. 처음 시작을 주택 전·월세를 할까 아니면 상가를 할까 고민을 했지만, 선택은 상가였습니다. 고민한 이유는 상가 계약이 쉽지

않다는 걸 알고 있었으며, 주택 전·월세는 에이스의 경우 하루에 한 개 계약 쓴다는 얘기를 들었기 때문입니다. 건당 수수료가 한쪽에서 20~40만 원 정도 40만 원짜리는 뭔가 보니 풀 옵션, 단기라고 합니다. 사무실에 50% 입금하고 하루에 한 개씩 하면 일 평균 30만 원 정도를 벌면 월 900만 원 정도는 벌 수 있다는 계산이 나와서 잠깐 혹했던 것입니다. 하지만 저는 상가를 다시 하기로 했습니다. 왜냐하면, 하루에 한 개 계약을 쓰려면 손님 2~3명을 만나야 하는데 그렇게 일하려면 아침부터 저녁까지 점심 먹을 시간도 없이 일해야 할 것 같았습니다. 그리고 돈 버는 것 외에 건물주 연락처를 확보하겠지만, 지역 부동산으로 갈 게 아니라면 큰 의미가 없다고 생각해서 결국 상가를 선택했습니다. 당시 제 나이는 36살이었습니다. 부동산 직원 채용으로는 선호하지 않는 나이라서 면접을 몇 곳 보지도 못하고 받아주는 곳으로 갈 수밖에 없었습니다. 아무튼, 저는 강남에 있는 모 중개법인 상가 팀으로 가서 일하게 되었습니다. 중개 경험 조금 있고, 프랜차이즈 경험이 조금 있지만 생초보나 다름없었습니다.

저는 이곳 부동산에서 2주 만에 첫 계약을 시작으로 3개월간 총 7건의 계약을 했습니다. 정확히 2건은 부동산 물건이었지만 권리금을 50% 이상 깎아서 내 물건으로 만들어서 내 손님으로 계약했고, 나머지 5건은 물건 손님 모두 직접 만들어서 계약했습니다. 계약하면 할수록, 일은 내가 다 하는데, 왜 중개 보수를 40%나 떼 줘야 하지? 돈이 아깝다는 생각이 들었고, 이러한 생각이 들기 시작한 12월 말에 당시 자격증을 취득했던 직원이 합동사무실로 창업을 해서 나가는 일이 생겼습니다. 저는 그때 합동사무실이라는 것을 처음 알았습니다. 합동사무실은 각자 월세를 내고 사무실을 이용하되, 부동산 창업 바로 전 단계에 있는 분들이 주로 이용하는 형태로 이해했습니다. 아무튼, 중개 보수의 10%를 도장값으로 내고 나머지는 자기가 다 가져간다고 하니 저에게는 무척 매력 있는 모습이었습니다. 저는 결국 마지막 수수료를 받은 날 그만두고 합동사무실로 갔습니다. 하지만 모두가 저의 경우와 같을 수는 없습니다. 보통 주변을 보면 빠르면 1~2년 정도는 1층 부동산에서 근무하면서 내공을 쌓고 독립을 하곤 합니다.

초보라면 1층 부동산에서 경험을 쌓는 것이 최상의 선택으로 보입니다. 내 돈 들이지 않고, 부동산 일을 시작할 수 있습니다. 사무실 월세와 광고비용은 부동산에서 제공해줍니다. 대신 중개보수는 5:5 또는 6:4 정도일 겁니다. 광고비를 지원해 주지 않고 사무실만 제공해주는 곳은 7:3입니다. 강남에서 최고는 7:3입니다. 8:2를 주는 곳은 드물게 있는데 매출에 크게 기여한 직원이거나 아니면 개인적인 친분으로 아니면 이제 시작하는 업체에서 구인을 위해서 하는 형태로 알고 있습니다. 초보자에게 8:2로 비율을 주는 곳은 없다고 보시면 됩니다. 하지만 누가 일을 가르쳐주지는 않습니다. 직원들도 월급을 받는 사람이 아니라 각자가 모두 개인사업자이기에 또한 업 특성상 같은 업종에 있는 사람을 경쟁자로 보는 시선이 있기에 그렇습니다.

상가 전문부동산에서 직원을 뽑지만 뽑는 이유는 물건작업을 시키기 위함이 100%입니다.

초보 직원 입장에서는 팀장을 롤 모델로 부푼 꿈을 안고 입사를 해서 열심히 일을 배운다는 명목하에 물건작업을 하지만 일이 힘들고(상가 돌아다니면서 명함을 뿌리고 물건만 확보하러 다님), 3달 정도 돈을 벌지 못하면 그만둡니다. 간혹 운이 좋아서 좋은 물건이 걸려서 팀장이 계약을 쓰면 직원에게 중개 보수의 20~30% 정도 셰어해 줍니다. 왜냐하면, 자기들도 그렇게 배웠기 때문입니다. 결국, 십중팔구는 3달 이내

그만두는데, 결국 물건이 필요했던 회사만 득을 보는 겁니다. 팀장은 다시 구직 사이트를 통해 직원을 뽑습니다. 보통 상가와 관련된 부동산이나 컨설팅 업체들은 이렇게 돌아간다고 보시면 됩니다.

저는 강남에서 물건작업을 제대로 해본 적이 없습니다(이틀 해서 하나 계약으로 연결했음). 1층 부동산 3개월간 계약한 물건 7개 중 4건은 강남이고, 나머지 3개는 중구, 중랑구, 동대문구입니다. 저의 거주지가 동대문구라 집 근처로 동선이 편한 곳만 진행했습니다.

저의 핵심 노하우는 물건작업이라는 과정 없이 온라인에 있는 모든 매물을 나의 물건으로 생각하고 이용해서 계약한다는 것입니다.

제4편 – 합동사무실

처음 합동사무실로 와서 영업한 날짜는 2016년 1월 23일 월요일로 기억합니다. 그리고 5월 15일까지 4개월가량 일을 하면서, 총 6건의 계약을 성사시킵니다. 2월은 계약을 한 개 했는데 깨졌고, 3월은 3건을 하게 됩니다. 4월은 2건, 5월 1건인데, 4월, 5월부터는 중개 보수 금액이 좀 올라가게 됩니다. 공부하러 들어가기 전 5월에는 보증금 3억, 월세 1,470만 원, 관 240만 원 양타 계약을 했습니다. 지역은 강남구 2개, 강동구 2개, 광진구 1개, 노원구 1개입니다.

원래대로라면 강남구에서 물건작업을 해서 강남권 위주로 나와야 하는데, 물건작업을 안 하니 물건이 없어서 다른 지역 물건으로 계약한 것입니다. 이렇게 광역 범위의 물건을 계약할 수 있었던 것은 팔릴만한 물건인지 아닌지 볼 줄 아는 눈이 생겼고, 거기에 거래를 가능하게 해주는 영업력이 있었기에 즉, 잘할 준비가 되어 있어서 계약이 가능했던 것입니다. 이렇게 상가중개영업은 내공을 쌓는 과정이 어렵고 힘들지만, 내공을 쌓고 나면, 비교적 수월하게 계약을 할 수 있습니다. 제가 만약 강남권에서 일일이 돌아다니면서 물건작업을 했다면, 어땠을까요? 아마 훨씬 더 많은 계약을 했을 겁니다.

제5편 - 부동산 창업

자격증을 취득한 이후 개업 6개월간의 영업과정에 관한 이야기입니다. 2017년 12월 19일 사업자등록을 하고, 많은 일이 있었습니다. 그동안 1월에 계약 2건, 2월에 2건, 3월 2건, 4월 X 5월 X 6월 1건을 했습니다.

1월에는 2건, 대형 사무실, 네일 숍
2월에는 2건, 네일 숍, 일반음식점
3월에는 2건, 유명 프랜차이즈 양도양수, 커피 프랜차이즈 신규
4월부터는 계약한 거 잔금을 치르면서 빌딩매매에 입문하게 됩니다.
5월에는 빌딩매매 열심히 하지만, 계약을 하지 못했습니다.
6월에는 빌딩매매는 단기간에 나오는 게 아니라는 걸 느끼고 방향을 선회합니다. 고급주택 전세 한 건을 (양타) 합니다. 참고로 계약이 나온 달은 모두 1,000만 원 이상 매출 발생이고, 손님 물건 모두 본인 계약입니다.

처음 사업자등록을 하고 저는 1월부터 6월까지 이렇게 영업을 했습니다. 광고비를 거의 쓰지 않아서 손님이 별로 없었고요, 최대한 집중해서 만나는 손님은 놓치지 않고 모두 계약으로 연결했습니다. 1월부터 3월까지 자신에게 주어진 환경에서 어떻게든 계약을 성사시키기 위해서 최선을 다했습니다. 가지고 있는 물건도 없었지만, 물건작업 없이 계약은 계속 나왔습니다. 하지만 매출에 한계를 느꼈습니다. 그래서 생각한 게 큰 시장으로 가자, 그래서 빌딩 시장으로 가게 됩니다. 모 빌딩 중개법인 소속 팀과 업무협약을 맺고 파트너십으로 물건을 제공 받아 광고하고 손님을 붙이게 됩니다. 저는 5월 한 달간 올인했음에도 계약을 못 했습니다. 아니 어쩌면 제 기대가 너무 컸던 것 같습니다. 빌딩매매에서 팀장급들은 모두 1~2년은 굶는다고 합니다. 우선 물건이 저의 물건이 아니기에 스스로 물건을 컨트롤할 수 없습니다(건물주 연락처를 공유해주지 않습니다).

그리고 좋은 물건이라고 판단되는 것들은 건물주들이 물건을 내놨다가 안 판다고 합니다. 안 파는 이유는 가격을 더 받기 위함이거나 또는 양도소득세가 많이 나와서입니다. 이러한 이유로 진행이 더디고, 내 물건이 최소한 50개가 있지 않고는 계약 쓰기 어렵다는 판단이 들었고, 혼자 하기에 팀으로 움직이는 빌딩매매 팀에게 정보 면에서 물량 면에서 경쟁에서 밀립니다. 혼자서 하기에는 투입되는 시간과 노력 대비 효용성이 떨어진다고 생각해서, 시간을 들여서 천천히 물건확보 위주로 방향을 선회합니다. 6월에는 고급주택 전세 양타 한 건을 했습니다(고급주택시장을 처음 접해봤지만, 매매가 아닌 임대는 계약도 빨리 나오고 소득도 높은 편이고, 소득 노출도 안 되기에 사이드로 할 수 있다고 생각합니다).

제6편 - 부동산 교육사업의 시작(2018.07.~2019.06.)

　빌딩매매시장을 경험하고 나서 앞으로 사업을 어떻게 꾸려나갈 것인가? 심각한 고민을 하게 됩니다. 그리고 아주 우연한 기회에 사업 방향성에 대해서 깨달음을 얻었는데, 그것은 바로 교육사업이었습니다. 저는 단순히 돈을 버는 것보다는 의미 있는 일을 하면서 돈을 벌고 싶었습니다. 좀 더 자세하게 말하면 사회적인 면에서 꼭 필요한 사람, 빛과 소금과 같은 존재가 되자. 저는 이런 꿈을 이루길 원했습니다. 영업 쪽으로는 그래도 2007년부터 지금까지 경력을 가지고 있고 보험과 부동산 모두 연봉 1억이라는 성공 경험이 있기에 도전해 봐도 되지 않을까? 라는 생각을 하게 된 것입니다. 그래서 가장 먼저 시작한 게 바로 네이버 카페 만들기입니다.

　2018년 7월 카페 만들기를 시작해서 지금 현재까지 회원 수가 918명입니다. 그리고 여기서 오프라인 교육을 2번 했고 유명 온라인공인중개사학원 합격자 모임 100명을 대상으로 1박 2일간 상가중개영업 강의도 할 수 있었습니다. 카페 활성화가 1순위였기 때문에 영업 활동은 위축될 수밖에 없었습니다. 그래도 계약을 꾸준하게 써서 2018년 9월부터 2019년 4월까지 총 15건의 계약(네이버 카페에 계약 리뷰 확인 가능)도 쓸 수 있었습니다. 영업적으로는 움직임을 최대한 줄이고 효율적으로 해야 했기에 계약을 쓰면서 물건을 처음 보는 경우가 생겼으며 토지매매의 경우는 한 번 가보지도 않고 계약을 쓰기까지 했습니다. 이것은 아주 놀라운 영업적인 성취라고 말할 수 있습니다. 완전한 계약은 중개사고 없는 계약이어야 하기에 저는 굉장히 꼼꼼하게 체크하고 계약을 진행합니다. 그래서 지금까지 단 한 건의 중개사고도 없었습니다.

중개업소의 90% 이상은 주거용 부동산 위주로 일합니다. 주거용 부동산은 정부 정책에 의해 좌지우지되는 시장입니다. 반면 저는 상가중개를 전문으로 하기에 이러한 정책에 의한 타격이 거의 없습니다. 오히려 시간이 지날수록 영업적인 성취는 상승하고 있습니다. 이러한 시기에 제가 전해드리는 상가중개영업에 대한 책자는 많은 분에게 큰 도움이 될 것입니다. 강 소장의 중개영업 노하우 공유, 이제 시작합니다. 상가중개영업의 세계에 오신 걸 환영합니다.

목차

PART 01 상가중개영업 입문 편

PART 02 상가중개영업 시작 편

PART
03 상가중개영업 실전 편

PART 04 상가중개영업 핵심 편

PART
01

상가중개영업
입문 편

01

생존을 위한
전쟁의 시작

우리가 힘들게 공부를 해서 자격증을 딴 목적은 무엇입니까? 저는 부동산 일을 평생 업으로 생각하고 있습니다. 그래서 꼭 자격증이 필요했기에 취득했습니다. 그럼 저는 왜 부동산 일을 평생 업으로 선택했을까요? 여러 가지 이유가 있습니다. 그중 중요한 두 가지를 말씀드리겠습니다.

(1) 경제적인 성공을 원해서
(2) 큰 어려움 없이 일할 수 있어서 - 이 말은 내게도 적용되지만, 모두에게 적용되니 치열한 경쟁을 뜻하기도 합니다.

우리나라에서 자수성가해서 경제적인 성공을 하려면 개인사업을 해야 합니다. 분야로 나눈다면 금융, 부동산, 외식업, IT 등 많은 분야가 있을 겁니다(로또복권도 있지만, 이것은 운에 의한 당첨이니 배

제). 저는 위에서 언급한 분야 중에서 부동산을 선택했습니다. 부동산은 큰돈을 벌 수 있는 업종 종 하나이며 큰 자본금 없이 시작해 볼 수 있고 중개부터 시작해서 많은 것들을 해볼 수 있다고 판단했습니다. 그럼 이 글을 보고 계시는 분들은 왜 부동산 일을 하거나 하실 예정인가요? 그리고 자격증을 취득했다면 어떠한 목적으로 자격증을 취득하셨습니까? 아마 저랑 비슷한 이유에서일 겁니다. 부동산 자격증은 경제적 정년없이 일할 수 있고 능력껏 돈을 벌 수 있는 구조이며 또한 오래 하면 할수록 빛을 발하는 직업이기도 하니(신뢰감 및 연차에서 주는 안정감) 중·장년층이 선호하는, 공부해서 합격하고 싶은 자격증 1순위라고 할 수 있습니다. 요즘은 자격증 취득하는 것이 만만치 않습니다. 저도 학생일 때 떨어졌고 중개를 업으로 선택하고 나서 5개월을 진지하게 공부했을 때 합격할 수 있었습니다. 시간이 지날수록 난이도는 더욱 올라가고 공인중개사 자격증을 가진 사람은 늘어납니다. 그리고 중개사무소의 폐업보다 창업이 계속 증가하고 있습니다. 정부 정책에 따라 부동산 시장 자체가 휘청이는데 시장은 한정되어 있는데 공인 중개업소의 숫자만 늘어나고 있는 것입니다.

지금까지 제1회부터 제29회까지 자격증 취득 수는 총 42만 2,957명이라고 합니다. 이 중 개업 공인중개사(공인중개사 중개인, 중개법인 모두 포함)는 104,304명입니다. 42만 명 중에 10만이 현업 중개인입니다.

값 🔽	LEVEL1 🔽 ⌐			
구 분 🔽 ⌐	계	공인중개사	중개인	중개법인
2012	82,595	75,379	6,749	467
2011	84,158	76,232	7,447	479
2010	83,361	74,634	8,263	464
2009	83,728	74,227	9,090	411
2008	83,627	73,212	9,995	420
2007	80,827	69,466	10,951	410
2006	78,611	66,276	11,910	425
2005	76,164	62,432	13,203	529
2004	72,247	57,362	14,331	554
2003	67,384	51,354	15,490	540
2002	58,920	41,663	16,673	584
2001	49,680	31,458	17,566	656
2000	45,845	26,452	18,776	617
1999	44,428	24,131	19,879	418
1998	40,083	18,617	21,286	180
1997	41,424	18,251	22,971	202
1996	40,813	16,091	24,502	220
1995	41,189	14,373	26,523	293
1994	42,865	13,797	28,712	356
1993	45,439	13,055	32,036	348
1992	49,735	14,108	35,154	473
1991	55,379	15,584	39,313	482
1990	56,131	13,130	42,690	311
1989	55,409	10,667	44,582	160
1988	52,866	9,006	43,789	71
1987	53,131	6,803	46,292	36
1986	50,068	5,988	44,049	31
1985	45,923	4,173	41,721	29

통계자료를 보시면 부분적으로 감소하는 해도 있지만, 점증적으로 증가하고 있음을 알 수 있습니다. 정부 차원에서 공인중개사 수급조절에 관한 조치를 하지 않는다면 중개업 시장에서 자격증 취득자는 앞으로 계속 늘어날 것이며 자연스럽게 개업 공인중개사의 수도 늘어날 것입니다. 이것이 시사하는 바는 결국 나눠 먹기 식으로 갈 수밖에 없고 시간이 지날수록 개인의 소득은 감소하게 될 것입니다.

부동산중개업은 한정된 시장에서 팔리기를 대기하고 있는 물건들을 누가 먼저 계약하느냐의 싸움입니다. 1등만 존재할 뿐 2등은 존재의 의미가 없는 시장입니다. 마치 낙하산을 타고 밀림에 떨어져서 생존을 위해서 사냥을 해야 하는 상황과 같습니다. 내가 죽지 않으려면 반드시 사냥을 통해 연명해야 합니다. 즉, 계약해야만 수익이 생기고 먹고 살 수 있는 것입니다. 그럼 생존을 위해서 어떻게 해야 하겠습니까? 생존을 위한 방법을 연구하고 준비하고 대응해야 합니다. 시장에서 살아남고 많은 계약을 하기 위해서는 남들보다 빠르고 영리하게 최대한 체력을 비축하면서 효율적인 움직임을 가져가야 합니다.

부동산중개인들은 정말 엄청나게 많이 있습니다. 농담 삼아 치킨집보다 많다고 하는데 제가 계산을 해보니 서울 기준으로 7,562평당 1개의 중개업소가 있습니다(서울 면적 605.2km²에 서울 개업 중개인 숫자 23,906명). 7,000평에 대한 가늠이 잘 안 될 텐데요, 7,000평은 가로세로 150m의 면적입니다. 작은 면적은 아니지만 큰 면적도 아니지요. 500세대 타워형 아파트 면적보다 작은 면적입니다(타워형 500세대 기준 아파트 면적은 8,000~9,000평입니다).

부동산 중개업소가 엄청나게 많다는 사실을 말씀드리는 겁니다. 이들은 친구 협력자이기 전에 나에게 칼을 겨누는 경쟁자입니다. 내가 창업을 하기 전에 해당 지역에서 먼저 창업을 해서 업을 영위하고 있는 중개업자들은 절대로 나에게 먼저 손을 내밀지 않을 겁니다. 역설적으로 여러분들이라면 내 지역에 들어온 경쟁자에게 먼저 다가가서 손을 내밀겠습니까?

부동산중개업 일을 시작한다는 의미는 야생의 세계에 발을 디딘 것과 같습니다. 스스로 시장에서 살아남고 살아남은 것을 넘어서 연봉 1억 이상의 목표를 달성하기 위해서는 남들과 다른 남들이 따라올 수 없는 경쟁력을 가져야 합니다. 그럼 남들과 다른 경쟁력은 어떤 게 있을까요? 바로 체력과 무기 그리고 현명한 지혜입니다. 체력은 남들보다 더 많은 일을 할 수 있는 체력을 말하고 열정과 비슷한 느낌입니다. 무기는 계약을 쓰기 위한 나만의 개성 있는 영업력으로 표현할 수 있습니다. 현명한 지혜는 타 부동산을 이용하거나 협력을 얻어내는 즉 적을 내 편으로 이용할 수 있는 지혜라고 말할 수 있습니다.

실무적으로 접근을 해보겠습니다. 부동산 영업은 물건과 광고 그리고 영업으로 나누어 볼 수 있습니다. 부동산 영업에서 우리가 하는 일은 물건확보(물건작업)를 하고 그 물건을 판매하기 위해 광고(광고작업)를 합니다. 그리고 손님 문의가 오면 손님에게 소개하는 업무(영업)를 통틀어서 중개업이라고 말합니다. 이렇게만 보면 아주 단순하고 쉬워 보입니다. 맞습니다. 우리 일은 3가지의 업무가 전부입니다. 하지만 3가지 업무를 잘하기 위해서는 많은 과정이 추가되기에 하는 일이 많아지고 업무가 매우 오묘해집니다. 그럼 이러한 업무 중 개업이라는 일련의 과정을 잘하기 위해서는 내공이 필요합니다. 훈련을 통해서 체력을 기르고 브리핑 실력을 키우고 많은 사례를 접해 보면서 실패를 많이 하면서 실패에 대한 원인을 분석해서 계약 성공에 대한 확률을 높여 가는 과정으로 내공을 만드는 것이라고 표현할 수 있습니다.

계약이 성공한다는 의미는 고객이 원하는 바를 잘 이해하고 그들이 원하는 조건의 물건을 찾아주는 것입니다. 금액에 한정하여 얘기한다면 이것은 자연스러운 방법으로 팔릴만한 물건으로 다듬어진 상태에서 시장에 나오기도 하지만, 경쟁자가 워낙 많이 있어서 내가 이 물건을 가장 먼저 계약할 확률은 낮아집니다. 하지만 시장에 나오기 전에 내가 직접 팔릴만한 물건으로 만들 수 있다면 어떨까요? 이제부터는 생존을 위해 최소한 1년 정도는 자신의 모든 것을 쏟아부어야 살아남을 수 있을 겁니다. 야생의 세계에 오신 것을 환영합니다.

02

부동산중개는
기영추다

2019년 현재 개업 공인중개사의 수는 10만 명에 육박합니다. 이들 중 상위 20%는 돈을 버는 사람들입니다. 1%는 특별한 느낌이라면 20%는 부동산중개업으로 먹고사는 사람들입니다. 이러한 사람들은 나머지 80%에 속하는 사람들과 어떠한 차별점이 있을까요? 아마도 아래 나열한 4개 정도에서 차별화가 있을 겁니다.

(1) 점포의 입지
(2) 직원의 규모
(3) 전문 업종의 선택
(4) 개인역량

(1) 점포의 입지

부동산은 자리가 정말 중요하다고 얘기합니다. 그래서 보통은 1층에서 창업을 하고 위치의 가치에 따라 월세가 50만 원에서 500만 원까지 다양합니다(1,000만 원에 육박한 곳도 있습니다). 자리가 좋으면 로드 손님(사무실 직접 방문)이 많이 올 것이고 손님이 많으면 양질의 손님(진성 고객)도 많아질 겁니다. 원래 로드 손님은 해당 지역에서 물건을 찾기 위해서 발품을 파는 사람으로 진성손님일 확률이 높습니다. 여기서 계약까지 끌어내는 건 개인역량이니 논외로 하더라도 우선 입지에 따라 손님이 많으면 계약률이 올라가는 것을 말씀드리는 겁니다.

(2) 직원의 규모

많으면 많을수록 매출은 올라갑니다. 하지만 어느 영업조직이든지 상위 20%만 돈을 벌고 80%는 먹고살기가 쉽지 않습니다. 직원의 규모가 크다는 것은 이들에게 사무환경을 제공해 줘야 하니 월세 부담이 있다는 것을 뜻합니다. 그리고 부동산은 업 특성상 창업이 쉬워서 일을 배우러 들어오는 경우가 대부분입니다. 이것은 직원들의 정착률이 낮다는 것을 의미합니다.

(3) 전문 업종의 선택

부동산의 중개 대상 종목은 다양합니다. 주거용 부동산과 비주거용으로 구분할 수 있으며 임대와 매매로 나누어 볼 수 있습니다. 수수료의 방식으로도 구분할 수 있습니다. 실제 업무에서는 종목별로(주

택 전 · 월세, 아파트, 사무실, 고급주택, 상가, 빌딩, 토지) 전문 분야
가 나누어지고 있습니다.

(4) 개인역량(기획력, 영업력, 추진력)

그럼 상위 20%인 중개업자들은 1번과 2번이 모두 나머지 중개업자
보다 좋을까요? 대체적으로는 그럴 수 있지만 모두 다 그런 건 아닙
니다. 저처럼 1인 창업으로 높은 매출이 가능한 사람도 찾아보면 분
명히 있을 겁니다. 3번은 장기적인 비전을 가지고 자신만의 전문영역
을 반드시 가져가야 합니다. 이것은 시간이 지날수록 빛을 발할 겁니
다(전문 업종의 선택은 다른 장에서 자세하게 다룹니다). 가장 중요
한 핵심은 4번 개인역량입니다. 저는 이것을 기영추(기획력, 영업력,
추진력)라고 부릅니다.

① 기획력
어떻게 하면 비용을 들이지 않거나 최소의 비용으로 그리고 효율
적인 방법으로 지속적인 물건과 손님확보를 할 수 있는지?

② 영업력
물건작업 광고작업 고객미팅까지 사람을 상대하는 모든 과정에서
적용

③ 추진력
목표를 향해 나아가는 힘, 실행력 열정과 비슷한 맥락

우리 부동산중개업은 자영업에 해당합니다. 우리가 모두 대표로써 개인역량에 따라 매출이 달라집니다. 일을 시작하면 달성하고자 하는 목표가 생깁니다. 그리고 그것을 이루기 위한 수단이 필요합니다. 목표를 이루기 위한 수단은 전략으로 표현할 수 있습니다. 이것은 '기획력'이 필요합니다. 목표를 이루기 위한 나의 전략은 실행해야 할 계획이 됩니다. 계획은 계약을 위해 존재합니다. 계약을 꾸준히 잘 쓰는 데 필요한 능력은 '영업력'입니다. 그리고 저돌적인 '추진력'은 그 누구도 따라오지 못할 퍼포먼스를 보여줄 수 있습니다.

03

부동산중개업의 종류
및 전문영역의 소개

　이번 장에서는 부동산중개업의 종류와 전문영역에 관한 소개를 하겠습니다. 위에서 말씀드린 주제로 글을 쓰는 이유는 부동산중개업을 하기 전에 꼭 알아야 할 필수 정보라고 생각하기 때문입니다. 우리는 중개사무소 창업을 하고 중개 시장에서 성공적인 정착을 원합니다. 이것은 꾸준한 매출과 롱런을 말합니다. 사전에 시장조사를 하고 시장에 진입하는 것과 조사 없이 창업하는 것은 많은 차이가 있습니다. 중개업에서 상위 1% 이내인 분들은 대부분 자신만의 전문영역이 있다고 생각하시면 됩니다. 이러한 현실 상황을 참고해서 중개업의 종류를 확인하면 자신이 하고 싶은 분야를 선택하는 데 좋은 정보가 될 것입니다(이 장에서 중개업 상위 1%를 롤 모델로 제시합니다). 현실에서 상위 1%인 분들도 초보였던 시절이 반드시 있었습니다. 제가 본 연간 순소득 1억 이상 연속 2년 이상 꾸준하게 가져가는 분들이 상위 1%라고 생각합니다.

우선 부동산중개업의 종류를 말씀드리겠습니다. 부동산 중개사무소의 전면 출입구 옆에서 많이 보셨을 겁니다. 원룸, 아파트, 상가, 사무실, 토지, 빌딩, 임대, 매매 전문이라고요. 이것이 중개업의 종류입니다. 부동산의 용도로 구분하자면 주거용, 비주거용으로 나눌 수 있습니다.

주거용은 사람의 거주를 목적으로 지어진 모든 부동산을 말합니다. 종류로는 원룸, 아파트, 일반주택(단독 · 다가구 · 다세대 연립주택, 전원주택, 고급주택), 주거용 오피스텔이 있습니다.

비주거용은 주거용을 제외한 모든 부동산을 말합니다. 상가, 사무실, 토지, 빌딩, 공장 등이 있습니다. 이용의 형태로 구분한다면 임대와 매매가 있습니다. 부동산중개업은 임대와 매매 모두를 중개합니다. 매매와 임대 중 결정이 빠른 것은 임대입니다. 결정이 빠르다는 것은 계약 가부 결정이 빠르다는 것이고 우리가 중개 보수를 받는 것이 빠르다는 말입니다. 모든 부동산은 임대, 매매가 적용됩니다.

처음 중개업에 입문해서 신입 시절에 배우게 되는 원룸 임대부터 빌딩매매까지 난이도 순으로 나열해 보겠습니다.

원 · 투룸(임대) < 일반주택(임대, 매매) = 아파트(임대, 매매) <= 고급주택(임대, 매매) = 사무실(임대) <= 분양(오피스텔 빌라 상가) < 상가(임대) < 토지(임대, 매매) <= 빌딩(매매)

원룸은 임대를 말합니다. 부동산 중개사무소에 직원이든 소속이든

입사를 해서 처음으로 배우고 시작하는 것이 원·투룸 임대(전·월세)입니다.

일반주택이나 아파트 고급주택 사무실은 난이도가 비슷합니다. 정형화되어 있어서 몇 가지 요인을 비교해서 결정하는 편입니다. 주택 or 건물 내외부 조건, 주차 여부, 지표면의 높이, 언덕인지 아닌지, 남향 같은 햇볕이 잘 드는지 방향 정도가 공통된 고려 사항입니다. 주택은 학군과 각종 편의 시설의 위치 그리고 지하철역까지의 거리 정도가 추가 고려 사항입니다.

사무실은 주변 시세보다 저렴한지? 면적별 임대금액은 저렴한지? 지하철역까지의 거리는? 주차가 몇 대나 되는지? 기계식인지 자주식인지? 정도가 추가 고려할 사항입니다. 오피스텔이나 빌라 분양, 상가 분양을 합쳐서 분양이라고 하겠습니다. 분양은 중개가 아닙니다. 법정 중개 보수 요율에 적용받지도 않습니다. 각 호실로 구분된 신규 물건을 최초에 매매하는 것을 분양이라고 하며 난이도는 주거용 부동산 매매와 비슷하거나 약간 높다고 보시면 됩니다. 약간 높은 이유는 평당 분양가격이 주변 시세보다 꽤 비싸기 때문입니다.

상가부터는 난이도가 올라갑니다. 상가는 권리금 계약과 임대차 계약 두 번의 계약서를 작성합니다. 그리고 업종별로 손님 콘셉트대로 원하는 상권과 입지가 모두 달라서 손님 마음에 드는 물건을 소개하는 게 웬만한 내공이 있지 않고서는 어렵습니다.

토지와 빌딩매매는 난이도는 상가와 비슷하다고 하지만 수요자가 많지 않아서 즉, 손님 만나기가 쉽지 않아서 체감 난이도는 더 높은 것 같습니다. 빌딩매매 손님 문의는 상가랑 비슷합니다. 생각보다 연락이 많이 옵니다. 제가 45일간 빌딩매매를 했었는데 총 54건 일 평균 1.2건의 문의 전화가 왔습니다.

  소득순으로 본다면 난이도 순과 비슷합니다. 다만 법정 중개 보수
는 부동산 거래금액에 따라 달라지기에 편차가 있습니다. 조금 더 세
부적으로 말씀을 드린다면 부동산은 거래금액에 대한 중개 보수 요
율이 모두 다릅니다. 거래금액이 크면 클수록 중개 보수도 올라갑니
다. 하지만 거래금액이 커질수록 수요층은 적어집니다. 즉 손님 만날
확률이 낮아지는 겁니다. 고급주택은 임대나 매매를 해도 수입이 괜
찮습니다. 사무실도 월세가 1,000만 원을 넘어가게 되면 임대라도 수
입이 괜찮습니다. 다만 사무실은 건물주가 0.5% 정도 선에서 주려고 하
는 곳이 생각보다 많고 금액이 클수록 이러한 성향이 더욱 강합니다.
소송을 통해 중개 보수를 받더라도 0.5% 정도의 수준에서 받기 때문
에 기대보다 수입이 약합니다. 토지나 빌딩매매는 1년에 3건 정도 하
면 정말 잘하는 겁니다. 건당 수수료도 매우 높은 편입니다. 그렇기 때
문에 물건 공유도 잘 안 해주고 단타로 계약이 이루어지는 편입니다.
  세금 노출이라는 측면에서 말씀드리겠습니다. 부동산중개업은 자
영업에 속합니다. 돈 많이 버는 자영업자의 소원은 아마도 세금을 안
내거나 적게 내는 것이겠죠. 세금계산서를 발행하면 사업 소득세와
부가세 종합소득세를 내는데 종합소득세는 퉁 쳐서 연 매출 1억 기준
으로 자신의 월평균 소득 정도의 금액을 종합소득세로 내게 됩니다.
상가의 경우는 대부분 세금계산서 요청을 하지 않기 때문에 이런 점
은 큰 장점입니다.

중개업 상위 1%인 분들은 모두 자기만의 전문영역을 가지고 있습니다. 우선 두 가지를 기억하셔야 합니다. 첫 번째는 2년 연속 꾸준함 두 번째는 매매라는 점입니다. 첫 번째 조건은 2년 연속 순수 연소득 1억 이상을 버는 사람들입니다. 한 건으로 1억 이상 버는 사람들도 있지만, 운에 의해서 계약된 경우가 많기에 2년 연속으로 지속해서 돈을 버는 사람들과 구분되어야 합니다. 두 번째는 중개 보수가 큰 건이 반드시 1건 이상 포함되어 있다는 것입니다. 임대로만 수수료가 크게 나와서 포함될 수도 있지만, 성공적인 중개업자로 가기 위해서는 장기적으로 볼 때 매매로 계약 쓰는 것이 맞습니다. 참고로 부동산 중개거래는 부동산 경기에 영향을 많이 받습니다. 부동산 경기를 죽이고 살리는 것은 정부 정책입니다. 지금은 부동산 경기가 어려운 시기입니다. 이럴 때는 꼭 임대(상가추천)와 매매를 병행하시는 걸 추천합니다.

상위 1%인 분들은 두 가지인 것 같습니다. 1층 부동산부터 시작해서 올라온 사람이 있는가 하면, 부동산 컨설팅 회사에서 시작해서 올라온 사람이 있습니다. 1층 부동산은 우리가 흔히 볼 수 있는 공인중개사 사무실입니다. 이곳에서 직원부터 또는 창업을 해서 주택 전·월세부터 토지와 빌딩매매까지 거래하는 사람들입니다. 이들은 한 지역에서 최소한 짧으면 5년 이상 보통 10년 이상 중개업을 하면서 건물주나 땅 주인과 관계가 생긴 이후에 거래가 되는 유형입니다. 1층 부동산을 운영 중이니 주택 전·월세 아파트 상가는 직원들이 전담하고 자신은 매매 위주로 큰 건 위주로 하는 사장들의 유형입니다. 흔히 우리가 알고 있는 부동산중개업으로 성공한 사람들입니다.

부동산 컨설팅 회사는 외국계 부동산 브랜드를 우리나라에 가져와서 활동하는 회사와 자체적으로 중개법인 또는 컨설팅 회사를 만들어서 외국계 컨설팅 회사와 비슷한 운영방식으로 활동하는 부류로 구분할 수 있습니다. 주로 비주거용 부동산임대 매매 위주로 하며, 토지의 경우는 부동산개발 시행과 연관되어 중개하는 형태라고 생각하시면 됩니다. 주로 금액이 큰 건들 위주로 진행합니다. 비교적 젊은 층인 40대 이하는 강남지역의 사무실 상가임대 위주로 하고 60대 이하는 자신의 인맥과 경력을 이용해서 토지 빌딩매매 위주로 업을 유지한다고 보시면 됩니다. 부동산 컨설팅 회사는 중개계약을 할 때 공인중개사의 도장 없이 계약서를 작성하는 용역에 대한 대가로 쓰는 형태입니다. 원칙대로라면 모든 부동산중개 계약은 공인중개사의 인장이 들어가는 계약서를 작성해야 하는 것이 맞지만 기존의 관행대로 부동산 계약을 써왔던 무등록 중개업의 형태도 있고 수수료를 부동산에 떼주지 않기 위해서 또는 법정 중개 보수 요율보다 많이 받기 위해서 컨설팅 계약서를 쓴다고 보시면 됩니다.

하지만 컨설팅 계약도 나중에 법적인 문제가 생긴다면 부동산중개업법의 테두리에서 적용을 받기 때문에 이 말은 결국 계약서에 공인중개사의 인장이 있어야 정식 계약으로 인정을 받고, 법의 보호를 받을 수 있다는 점에서 점점 컨설팅 계약은 없어지는 추세로 가고 있습니다.

임대로만 연 소득 1억 이상 벌기는 쉽지 않습니다. 월평균 833만 원을 벌어야 하는데 중개업에도 성수기가 있고 비수기가 있습니다. 비수기는 설 연휴가 낀 2월, 추석이 낀 9~10월, 그리고 여름휴가 7~8

월입니다. 설 연휴와 추석을 두 달이라 하고 여름휴가 2달이라고 하면 12개월 중 4개월이 비수기입니다. 상가와 사무실을 포함한 부동산 중개업 모두에 해당하는 비수기라고 생각하시면 됩니다. 그럼 4개월 간 소득이 없을 수도 있어서 1억이라는 돈을 8로 나누면 월평균 1,250만 원을 꾸준하게 벌어야 연 소득 1억인데 여기에 고정지출을 제한다면 순수 연 소득 1억은 정말 쉽지 않아 보입니다. 그래서 중개 보수가 최소한 2,000만 원 이상인 건이 필요하다고 말씀을 드립니다. 그렇다고 큰 건만 할 수도 없습니다. 큰 건은 수요도 많지 않고 영향에 민감하게 작용합니다. 보통, 토지나 빌딩을 매매할 때 99%는 대출을 끼고 진행하며 금리 상승과 하락은 중개거래를 할 때 결정적인 역할을 하기도 합니다.

매매는 재테크의 수단으로 구매하는 비중이 상당하기 때문에 대단히 신중합니다. 꼭 구매해야 하는 상황이 아니라면 자신에게 유리한 상황이 올 때까지 기다립니다. 그래서 매매만으로 연 소득 1억 이상 꾸준하게 버는 게 어려운 구조라는 겁니다. 따라서 임대로 월평균 2건, 월 소득 500~1000만 원을 꾸준하게 벌고 매매를 1년에 1~2건 정도, 매매 보수로 2,000만 원 이상 쳐주면 순수 연 소득 1억 이상이 가능한 것입니다.

그럼 종목 선택을 어떻게 해야 할까요? 소득이 높으면서 계약을 꾸준하게 할 수 있는 것을 선택합니다. 상가를 주력으로 하면서(사무실이나 고급빌라 손님이 있다면 같이) 빌딩, 토지매매도 함께 진행해야 합니다. 다만 1년 차에는 상가임대에 주력해야 합니다.

04

상가중개영업이란?

이번 장은 상가중개영업을 소개하겠습니다. 저도 현업에서 직접 발로 뛰고 있는 개공(개업 공인중개사)입니다. 상가중개를 전문으로 선택해서 일하고 있는데요, 중개를 업으로 시작한 이후로 월평균 2건 정도씩 꾸준하게 계약을 쓰고 있습니다. 매월 2건씩 꾸준하게 계약을 쓰는 것은 큰 의미가 있습니다. 우리는 개인사업자이기 때문에 그리고 부동산중개업이라는 업 특성상 월급쟁이처럼 매월 돈을 버는 게 어려운데요, 저는 그것을 실현했습니다. 많은 부동산 중개업자들은 이렇게 매월 돈을 버는 구조를 희망합니다. 하지만 부동산은 주거정책에 따라 그리고 성수기 비수기가 있고 경기 영향에 민감하게 반응하기에 사실상 매월 수입이 생기기는 쉽지가 않습니다.

그럼 상가중개는 어떠하길래 저는 매월 2건씩 계약을 쓸 수 있었을까요? 그건 바로 부동산중개업을 영업과 전략적인 측면으로 접근했기 때문입니다. 부동산 현업 분들이나 창업예정이신 분들은 네이버나 구글에서 상가중개라고 검색을 한 번쯤은 해보실 텐데요. 연관 검색어로 상가 중개실무가 함께 뜨는 것을 볼 수 있을 겁니다. 하지만 저는 '상가중개영업'이라는 표현을 썼습니다. 그리고 상가중개영업이라는 단어를 쓰는 사람은 네이버나 구글에서 보면 저밖에 없는 것을 보실 수 있을 겁니다(연봉 1억에 도전하는 상가중개영업이라는 카페는 제가 운영하는 카페입니다).

그럼 왜 상가중개 실무라는 콘텐츠는 있는데 상가중개영업이라는 콘텐츠는 없는 걸까요? 저는 이 사실이 궁금해서 상가중개 실무와 관련된 책과 강의를 찾아서 보고 들었습니다. 하나같이 모두 다 법과 관련된 내용이 전부였습니다. 상가의 경우는 권리금이 있어서 이것은 임차인 마음에 따라 늘었다, 줄었다가 가능하기에 영업력이 가장 중요한데 법률적인 것만 그것도 시설 업종에 관련된 내용 위주로(노래방 룸살롱 pc방 스크린골프장 등) 서술을 하고 강의를 하니 실제 영업현장과 괴리되는 강의를 위한 강의, 판매를 위한 책? 같은 생각이 들었습니다.

만약 토지 중개라면 얘기가 달라집니다. 토지의 경우는 개발이 가능하냐? 안된다면 왜 안되는가? 안되는 이유가 있을 것인데 이것은 용도지역, 지구, 구역 등 각종 부동산 공법적인 측면에 대해 따져 봐야 합니다. 법률 검토가 상가보다 월등히 많아서 중개사고 예방과 정확한 중개거래를 위해서도 공부를 같이해야 한다고 생각합니다. 하지만 공부를 집중적으로 먼저 할 필요는 없습니다. 건별로 진행하면서 알아가는 것이 좋다고 생각합니다. 역시 토지도 영업력이 중요합니다. 돈 버는 것은 결국 계약을 해야 하니까요. 앞서 말씀드렸지만, 상가중개는 실제 필드에서는 기존의 업장이 음식점이면 음식점으로 대부분 종류만 변경되는 형태로 거래가 됩니다. 물론 일반음식점이 판매점으로 되는 사례도 있습니다. 하지만 일반음식점이 입점할 당시의 시설을 모두 원상복구를 하면서까지(원상복구하는 것은 모두 다 비용이 발생합니다) 들어가는 경우는 경기가 좋을 때도 그렇게 많지는 않고요, 요즘처럼 불경기에는 더욱 보기 드문 현상입니다.

상가중개에서 법률적인 부분을 검토하는 것은 대부분 시설 업종에 해당합니다. 그리고 신규 입점할 때가 법률적인 검토가 필요한 순간입니다. 하지만 우리 부동산이 시설 업종만 전문적으로 그것도 신규 건물만 할 건 아니잖아요? 상가중개에서 신축이 10%라면 기존점포는 90%입니다. 결론은 상가중개 실무는 책 한 권 정도 구매해서 두고 두고 필요할 때 보면 됩니다.

상가중개에서 중요한 건 결국 거래를 성사시키고 수수료를 받아내는 영업력입니다. 그렇기에 저는 상가중개영업으로 표현하는 것입니다.

상가중개영업은 상가점포 임대를 목적으로 중개하는 행위를 말합니다. 부동산 중개대상물은 크게 주거용 부동산과 비주거용 부동산으로 나눌 수 있습니다. 주거용은 사람이 거주를 목적으로 하는 집, 주택, 아파트를 말하고, 비주거용은 주거용을 제외한 나머지를 말합니다. 비주거용은 보통 상가, 사무실, 건물, 빌딩, 공장, 토지로 구분해 볼 수 있는데요, 이것 중에서 상가중개는 비주거용 부동산 중개대상물 중 한 개의 영역에 속합니다. 난이도 측면만 보자면 사무실보다 어렵고 건물, 빌딩, 토지보다는 쉽습니다(난이도만 본다면 건물, 빌딩, 토지와 비슷하다고 할 수도 있지만, 건물, 빌딩, 토지의 수요자가 많지 않기 때문에 상가중개가 더 쉽다고 말씀드리는 겁니다). 난이도가 있어서 경쟁이 주거만큼 치열하지 않고 하는 사람만 계속하는 그들만의 리그와 같다고 생각하시면 됩니다.

부동산 중개대상물은 모두 임대와 매매 두 가지 측면에서 중개가 이루어집니다. 상가중개영업은 임대 파트에 속합니다. 임대는 부동산 이용이익에 해당하며 고객은 창업예정자로서 흔히 자영업자로 불립니다. 위에서 난이도가 있다고 얘기한 것은 세 가지 이유가 있습니다.

(1) 창업자로서 생업을 걸고 손님 수준에서 큰돈을 들여서 점포를 얻고(점포 구매비용) 점포의 내외부를 자신의 콘셉대로 꾸며야(인테리어 비용 발생) 하기에 대단히 신중한 접근으로 시작하게 됩니다.

(2) 주거용 부동산이나 사무실처럼 정형화된 공간을 임차하는 것이 아닌 임차인의 종목별로 모두가 원하는 상권과 입지 내외부 조건이 다르므로 점포 찾는 것이 굉장히 까다롭습니다. 또한, 가장 중요한 점포 구매비용도 맞아야 하기 때문입니다. 보통 손님들은 자신의 창업비용보다 눈이 높습니다.

(3) 점포가 마음에 들면 권리계약을 먼저하고 그리고 임대차 계약을 쓰게 되면서 계약완성이 되는 겁니다. 즉 계약서를 두 번 쓰는 것입니다. 월세 50만 원짜리도 세 가지가 모두 적용됩니다.

그럼 저는 왜 상가중개를 전문으로 하게 된 것일까요?

05

상가중개영업에
도전해야 하는 이유

제가 상가중개를 선택한 이유는 3가지입니다.

(1) 난이도

(2) 수수료

(3) 소득 노출

(1) 난이도

부동산중개 시장에서 상가중개는 아직은 하는 사람이 별로 많지 않고 그들만의 리그라고 할 정도입니다. 이유는 조금 전 제가 말씀드린 것처럼 난이도가 있기 때문이지요. 반면 주거용 부동산이나 사무실은 임대나 소유의 목적이 모두 같기에 원하는 조건을 듣고 현재 시점에서 조건에 맞는 물건들을 모두 보여주면 고객은 그중 가장 마음에 드는 것을 선택합니다. 이 때문에 모두 다 쉬운 걸 하려고 합니다. 그렇다는 말은 상가는 경쟁이 덜 치열하고(모두 다 쉬운 일을 하려고 하니까) 권리금이 있어서 권리금에 대한 수수료를 별도로 받을 수 있습니다. 즉 어렵지만 내가 상가를 전문적으로 파면 전문가로 중개 시장에서 인정을 받을 수 있게 됩니다. 그리고 상가중개에 대한 내공은 상권과 입지를 볼 수 있어서 나중에 건물이나 빌딩매매를 할 때 가치평가를 위한 수익성 측면에서도 자신만의 기준을 가지고 현실감 있고 정확하게 판단할 수 있게 됩니다. 이것은 빌딩 건물매매를 하거나 개발자로써 직접 짓거나 신축목적으로 토지매매를 할때 굉장한 이점이 됩니다. 건물이나 빌딩매매는 진성손님을 잘 찾고 그들이 원하는 포인트가 몇 개 있는데 포인트에 맞는 물건을 보여주는 방식으로 진행됩니다.

그럼 상가를 열심히 해서 1년에 연봉 1억을 달성했고 계약 건수도 18건 정도를 했다고 가정해 보겠습니다. 나는 돈을 벌었지만 돈보다 더 중요한 것은 바로 경험입니다. 내게는 돈 주고도 살 수 없는 소중한 계약을 위해 겪어야 했던 많은 경험이 쌓인 겁니다. 초보 입장에서 1건 계약을 위해서는 최소한 10건 이상 고객 문의가 와야 합니다. 10명의 고객과 통화나 미팅을 하면서 이런저런 경우의 수가 발생하니 이런 것들을 모두 다 경험하고 그중에 한 명만 계약이 가능하니 정말 많은 경험을 하는 것입니다. 고객들은 특히 자영업자들은 별의별 손님들이 다 있는데 이런 손님들을 상대하면서 내성이 생기니 멘탈이 업그레이드가 됩니다. 또한, 많은 경우의 수를 경험하니 대처방안이 생기게 됩니다.

(2) 수수료(고소득이 가능하다)

상가중개는 권리금이 있습니다(없는 것도 있습니다). 권리금은 점포 임차인이 자신의 점포를 거래하면서 받고 싶어 하는 유무형의 자산 가치를 말합니다. 권리금에는 시설권리와 영업권리, 바닥권리가 있습니다. 물건이 마음에 들어서 임대차 계약을 쓰려면 반드시 현 임차인과 권리계약을 먼저 해야 합니다. 그럼 우리 부동산중개인은 권리계약과 임대차 계약 두 번의 계약서를 작성하게 됩니다. 임대차와 관련해서는 법정 중개 보수를 받을 수 있습니다. 권리계약은 점포주인(임차인)과 협의해서 별도의 수수료를 받을 수 있습니다. 권리금은 임차인이 받고 싶어 하는 유무형의 자산가치를 현금으로 환가해서 중개인이 손님을 소개해서 계약으로 끌어내는 것이기에 중개인의 역할이 중요하며 점포주인(임차인)으로서도 중개인의 역할이 대단히 중요하다는 것을 잘 알고 있습니다.

조금 더 구체적으로 말씀드리면 장사가 잘 안돼서 점포를 내놨는데 만기가 3개월 뒤이고 만약 점포가 3개월 안에 거래가 안 되면 자신은 원상복구를 해서 임대차를 종료하거나 아니면 최소한 1년 이상 재계약을 해서 장사를 해야 하기 때문입니다. 여기서 임차인은 원상복구에 부담을 느끼게 됩니다. 왜냐하면, 원상복구는 비용이기 때문입니다. 원상복구는 최초 입점할 때 아무것도 없는 점포에 자신이 돈을 들여서 한 시설 인테리어를 다시 아무것도 없는 최초의 시점으로 되돌려야 하는 것을 말합니다. 비용이 발생하겠지요. 현실에서 건물주는 시설이 잘되어 있으면 원상복구 비용을 제외하고 보증금을 돌려줄 겁니다. 그리고 현재 시설에 맞는 임차인이 들어오기를 기다리겠죠. 점포주인 입장에서는 내가 돈을 들여서 시설하고 장사 안돼서 나가는데 원상복구 비용까지 내주고 그 시설을 타인이 이용하는 이러한 최악의 결과를 얻기 전에 중개업자를 잘 만나면 자신이 원하는 권리금을 최대한 받을 수 있으니까 중개업자의 역할이 중요하다고 말씀드린 겁니다.

그럼 이렇게 중요한 역할을 한 사람이 중개업자인데 현 임차인으로서도 수수료를 줘야겠지요? 이것이 상가중개를 도전해야 하는 이유입니다.

하지만 지금처럼 경기가 좋지 않을 때는 손님들이 권리금을 최대한 쓰지 않으려 하고 무권리 위주로 찾습니다. 이런 경우 권리 없는 공실 위주로 거래가 많이 되는데요. 상가는 작은 2차선 도로변이라도 중개보수가 괜찮습니다. 예를 들면 서울 지역 유동인구가 어느 정도 되며, 도로변을 끼고 있는 전용 10평 정도는 월세 100~150만 원은 합니다. 이것을 손님 물건 모두 계약을 한다면 법정 중개 보수만 받아도 한쪽에서 한 달 치 월세 정도는 받으니 200~300 정도는 받는 겁니다. 한 달에 무권리 두 건만 해도 400~500은 비교적 손쉽게 할 수 있습니다. 또한, 20평 이상 찾는 손님도 많아서 결국은 상가는 무권리도 소득이 괜찮다고 얘기할 수 있습니다.

(3) 소득 노출

상가중개는 자영업자들이 창업하기 위해서 점포를 구하는 경우입니다. 자영업자들은 보통 점포계약을 하고 잔금 치를 때 중개 보수를 주게 되는데, 많은 분들이 세금계산서 요청을 거의 안 합니다. 이들은 소규모의 자영업자이기 때문에 세금에 대한 부분을 잘 알지 못하는 분들이 많고, 세금계산서를 발행하려면 부가세를 따로 줘야 하니까 그냥 세금계산서 없이 중개 보수를 주는 분들이 아직도 대부분을 차지합니다. 이것은 상가중개를 하는 데 큰 장점입니다.

반면 사무실은 법인사업자가 대부분입니다. 이들은 크든 작든 사업 운영과 관련된 세금을 낼 것이고 최대한 비용으로 떨굴 수 있는 것은 떨구는 쪽을 택합니다. 또한, 현금 흐름을 정확하게 해야 하기에 무조건 세금계산서를 요청합니다. 이것은 중개 보수가 100% 노출된다는 것을 의미합니다. 이것은 월 단위로는 소득에 대한 3.3% 사업소득세를 내야 하고 연 단위로는 더 많은 종합소득세를 내게 됩니다.

상가중개를 하면 프랜차이즈와도 거래를 반드시 하게 되는데요. 프랜차이즈는 법인입니다. 법인은 직영점을 구하는 경우와 가맹점을 구하는 경우가 있는데요, 가맹점은 개인과 같기에 세금계산서를 요청하지 않을 수 있지만, 법인은 100% 요청합니다. 세금 노출이 된다는 이유로 프랜차이즈를 하지 않을 수는 없습니다. 또한, 월세가 큰 건들은 대부분 세금계산서를 요청하기에 이런 것은 알고서 진행해야 합니다. 돈을 많이 버는 중개업자들은 세금 때문에 골머리를 앓습니다. 최대한 세금을 적게 내야 하기 때문이죠. 그런 측면에서 본다면 개인들을 상대로 해서 계약을 많이 하는 것도 굉장한 메리트가 있는 겁니다.

06

상가중개영업의 구분

이번 장에서는 상가중개영업의 위치 및 두 가지에 대하여 말씀드리겠습니다.

(1) 상가중개의 위치

(2) 상가중개의 두 가지

(1) 상가중개의 위치

상가중개영업의 대상은 상가임대, 점포 임대입니다. 보통 근린생활시설이라고 합니다.

근린생활시설에 입점이 가능한, 우리가 중개하는 상가중개의 대상 업종은 다양합니다. 보편적으로 일반음식점(한식·일식·중식 등) 판매점(소매점·도매점) 시설 업종(pc방·당구장·스크린골프 등) 휴게음식점(커피·샌드위치·햄버거 등) 서비스업종(미용·네일·마사지 등)으로 구분할 수 있습니다.

(2) 상가중개의 두 가지

상가중개영업은 부동산 관점에서 다음의 두 가지로 나누어 볼 수 있습니다.

① 신규입점
② 기존점포에 입점

① 신규입점

신규입점은 신축건축물의 1층이나 지층 2층으로 입점하는 경우입니다(실무자 입장에서는 보통 2층까지를 근린생활용도로 봅니다). 신축의 경우는 땅값에 건축비가 더해지고 그 적용된 총 가격에 임대인이 원하는 수익률에 의해서 월세가 정해지게 됩니다. 당연히 주변에서 영업하고 있는 기존점포들보다 월세가 비쌉니다. 대략 주변에 20년 이상 된 건축물보다 최소 1.5배 이상 월세가 비싸다고 생각하시면 됩니다. 이런 경우는 업종이 해당 건물에 입점 가능한지 구청을 통해 신고나 허가여부를 알아보고 진행하게 됩니다.

예를 들어 pc방의 경우는 초 · 중 · 고등학교에서 200m 이상 떨어져 있어야 허가를 받게 됩니다.

② 기존점포에 입점

신축건물을 제외하면 모두 기존점포를 진행하는 경우입니다. 이런 경우는 현재 영업 중인 업종이 일반음식점이라면 보통은 일반음식점 내에서 변경이 되는 경우가 대부분입니다. 왜냐하면, 기존시설을 살려서 영업할 수 있기 때문입니다. 만약 일반음식점에서 판매점으로 용도가 변경된다면 일반음식점이 가능한 자리라면 판매점으로 용도가 바뀌는 데 큰 어려움이 없다고 생각하시면 됩니다. 일반음식점은 허가업종이지만 판매점은 신고 업종이기 때문입니다(허가는 허가를 득해야 영업이 가능하나 신고는 신고만 하면 됩니다). 참고로 불법건축물인 경우라면 허가업종은 안 되지만 판매점은 가능합니다. 부동산 입장에서는 신규입점은 권리금이 없습니다. 법정 중개 보수를 적용하게 됩니다. 기존점포에 입점하는 경우는 대부분 권리금이 있는 경우입니다. 권리금 중개를 통해서 우리는 법정 중개 보수 외에 권리금수수료도 따로 받을 수 있습니다.

수익 측면에서 본다면 당연히 권리금 중개 건이 돈이 됩니다. 하지만 신축건물도 당연히 해야 합니다. 왜냐하면, 신축건물은 점포의 내외부 컨디션이 좋기 때문입니다. 손님 입장에서는 신축건물을 선호합니다. 가격만 받아들일 만큼 떨어진다면 말이죠. 또한, 무권리이기 때문에 전체 점포 구매금액 측면에서도 저렴하게 느껴집니다. 하지만 모든 시설은 자신이 돈을 주고 해야 하는 부담이 있습니다.

결론은 상가 전문부동산이라면 손님 관점에서 금액과 업종에 맞는 점포를 소개해 줘야 합니다. 돈을 벌기 위해서 상가중개영업을 한다고 하지만 한 번 계약으로 끝낼 게 아니라 중장기적으로 해야 하기에 내가 내공이 생기면서 나도 돈을 벌고 고객도 돈을 버는, 서로가 성공적인 형태로 가야 합니다. 그 때문에 고객의 성공을 가장 우선순위로 생각해서 일해야 합니다. 이것은 점포를 소개할 때 업종에 맞는 상권과 입지 그리고 금액까지 모두 다 볼 줄 알아야 하는 겁니다.

07

목표는 나를
움직이게 한다

부동산은 기영추(기획력, 영업력, 추진력)라고 말씀을 드렸습니다. 보통 상위 20% 돈을 버는 중개업자들은 능동적으로 행동하고 움직입니다. 수동적인 태도로 오는 손님만 받아서는 절대로 많은 계약을 쓸 수 없습니다. 손님과의 처음 통화부터 미팅 그리고 반복적인 통화와 미팅을 계속하는 이유는 계약을 쓰기 위해서입니다. 그리고 계약을 하게 되면 손님과의 일정은 완료됩니다. 그럼 우리는 손님과 계약을 쓰게 되면 어떻게 될까요? 우리한테는 중개 보수가 입금됩니다. 금액의 차이는 있지만, 성취감과 함께 중개업을 하는 이유인 금전적인 보상을 받게 됩니다. 우리 중개업은 계약을 써야 중개 보수를 받을 수 있으니 계약을 지속 반복적으로 써야 돈을 많이 벌 수 있겠지요? 맞습니다. 지속 반복… 하지만 보통 대부분의 사람은 주머니에 돈이 들어오면 쓸 생각부터 합니다. 남자건 여자건 술 좋아하는 사람들은 술 마시는 데 돈을 많이 쓰기도 합니다. 중개업자도 사람입니다.

사람이기 때문에 스트레스를 받습니다. 그리고 우리 중개업은 장기적으로 보고 달리는 마라톤과 같아서(중개업은 오래 하면 할수록 빛이 나는 직업입니다.) 계약을 쓰면 반드시 그동안 받았던 스트레스를 풀어줘야 합니다. 계속 일만 하면 정신적이든 육체적이든 문제가 생기게 되니까요.

그래서 스트레스 관리를 반드시 해야 합니다.

하지만 중개업은 영업직종입니다(대부분은 서비스업이라고 생각하겠지만 서비스업으로 생각하면 안 됩니다. 서비스업은 손님이 오면 응대하는 수준이지만 영업은 내가 직접 주도적으로 손님을 찾기도 하는 개념이라고 생각하시면 됩니다). 스트레스도 풀면서 가야 하지만 영업직종의 특성을 이해하고 그것에 맞게 행동해야 합니다. 영업직종은 지속해서 계약이 나와야 돈을 벌 수 있고 한번 손을 놔버리면 영업 감각을 잃어버리게 됩니다. 그렇기 때문에 계약을 쓰더라도 일을 손에서 놓지 말고 지속해서 광고하고 손님과 미팅을 꾸준히 하면서 가야 합니다.

그럼 목표는 우리 중개업자에게 어떠한 영향을 끼칠까요? 저는 중개업을 영업이라고 얘기했는데 영업조직을 예로 말씀드리겠습니다. 전형적인 영업조직이라고 할 수 있는 보험사의 경우 개인 목표, 팀 목표, 지점목표가 있습니다. 이것을 년, 월, 주 단위로 나누어서 1년을 보내게 됩니다. 그리고 목표를 달성하도록 지점장은 팀장을 쪼고, 팀장은 팀원을 쪼습니다. 쫀다는 것은 어떻게든 실적을 달성하게 만드는 모든 수단과 방법을 얘기합니다. 이렇게 타이트하게 관리하는 것은 목표를 반드시 달성하게 하기 위함입니다. 영업조직은 실적이 인격이라는 말이 있습니다. 그만큼 목표지향적인 조직이라는 말입니다.

그럼 다시 중개업으로 돌아와서 생각한다면 이러한 영업조직의 시스템을 우리 중개업에 도입한다면 우리 중개업도 많은 계약을 할 수 있을 겁니다. 즉 우리 중개업자에게도 분명한 연간, 월간, 주간 목표가 있어야 합니다. 그럼 여기서 목표가 있는 사람과 없는 사람은 차이가 발생하게 됩니다. 목표가 있는 사람은 목표를 달성하기 위해 일을 하게 됩니다. 목표를 달성하고자 하는 이유는 개인마다 차이가 있으며 영업경력 13년 차인 제가 보기에는 금전적으로 간절한 사람일수록 목표를 달성하기 위해서 더 열심히 일하게 됩니다. 금전적으로 간절함을 구체적으로 표현하자면 처자식을 먹여 살려야 하는 환경 또는 그에 더해서 이유가 무엇이든지 간에 수천에서 수억대의 빚을 떠안고 있다거나 하는 상황일 겁니다. 이런 분들은 초인적인 정신력과 활동량으로 엄청난 퍼포먼스를 보여주곤 합니다.

이러한 분들도 있겠지만 이러한 상황이 아닌 분들이 더 많이 있을 겁니다. 그렇다고 일부러 이러한 극단적인 상황을 만들지는 마시고 목표를 달성할 수 있도록 동기부여가 필요합니다. 예를 들면 3년 뒤에 10억짜리 아파트 사기 아니면 1년 뒤에 벤츠 E클래스를 현금으로 사기 등 구체적인 목표가 필요할 것 같습니다.

08

연봉 1억에 도전하는
초보 중개업자의 전략

이제는 여러분이 직접 창업이든 소속이든 전직을 해서 현장에서 부딪히고 깨지면서 내공을 쌓아가야 합니다. 지난 시간까지는 부동산중개업에 대하여 알아보는 시간이었으며 이제는 상가중개영업을 처음 시작하고 1년 동안의 과정을 다루겠습니다.

창업 이후 1년이라는 기간을 정한 이유는 평생 직업으로 중개업을 하기 위한 기초 내공을 쌓는 기간이라고 생각하기 때문입니다. 기초 내공을 쌓는 최초 1년은 대단히 중요한 의미가 있습니다. 1년을 운이 아닌 실력으로 계약을 쓰면서 살아남는다면 이에 대한 경험치는 모두 나의 것이 되기 때문입니다. 반드시 1년만큼은 내 모든 것을 걸고 올인하는 전략을 택해야 합니다.

그럼 어떻게 올인해야 하는가? 이 책을 보고 있는 모든 분들의 마음가짐은 누구나 다 연봉 1억입니다. 그만큼 열심히 할 마음의 준비가 되어있다는 얘기입니다. 하지만 부동산중개업은 영업으로 생각해도 될 만큼 영업의 비중이 크기 때문에 열심히 하는 것은 기본이고 계약을 잘 쓰기 위한 감각과 센스가 필요합니다. 이것은 많은 실패를 통해 터득하게 됩니다. 상가중개를 하기 위한 과정은 기본적으로 물건작업 광고작업 그리고 고객미팅(영업)으로 구분할 수 있습니다. 각 과정은 실전 편에서 상세하게 알려드립니다.

창업 이후 최초 1년간은 내공을 쌓고 계약을 쓰기 위한 준비를 하는 과정으로 생각하셔야 합니다. 이 기간은 평생 중개업을 위한 특별한 훈련 기간이며 내공을 쌓기 위한 투자 기간이라 생각하는 게 좋습니다. 그렇지 않으면 돈을 벌어야 한다는 강박관념으로 매우 큰 스트레스를 많이 받게 됩니다. 정도가 지나치면 멘붕(멘탈붕괴)이 와서 일을 제대로 하지 못할 수도 있습니다. 그러니 1년간은 돈 벌 생각은 버리고 업무에 임하면 좋을 것 같습니다.

초보자 입장에서 1년간 업무에 대한 올인 전략을 나열해 보겠습니다.

(1) 연간 목표설정
(2) 전문 분야의 선택
(3) 창업으로 갈 것인가? 직원으로 갈 것인가?
(4) 구체적인 목표설정
(5) 업무 시작
(6) 실패사례의 기록
(7) 필수 pc 활용

(1) 연간 목표설정

연간 목표는 내가 중개업을 시작해서 연간 몇 건의 계약을 쓰고 총 얼마의 매출을 달성하겠다는 것을 말합니다.

(2) 전문 분야의 선택

선택과 집중이라는 측면을 생각하여 전문 분야를 선택하는 것이 좋습니다.

필자는 상가중개를 선택했고 그동안 열심히 일했고 많은 계약을 쓰면서 내공을 키울 수 있었습니다. 상가를 선택하면 빌딩과 토지가 쉬워집니다(비주거에서 가장 수요가 많은 상가를 선택하셔야 합니다).

(3) 창업으로 갈 것인가? 직원으로 갈 것인가?

초보자 입장에서 1인 창업은 비용 절감이라는 측면에서 그리고 꾸준히 계약을 쓴다는 전제하에 저비용 고효율을 얻을 수 있는 최상의 선택입니다. 저는 1인 창업을 선택했지만, 이것이 꼭 최선은 아닙니다. 영업경력이 없는 분은 소공(소속공인중개사)이나 중보(중개보조원)로 시작하셔도 좋습니다. 내 돈 들이지 않고 중개업을 경험해볼 수 있으며, 소공이나 중보라도 부동산업계 특성상 대부분이 사장 마인드로 일할 수밖에 없는 환경이기 때문에 창업 전 내공을 쌓을 수 있는 아주 훌륭한 방법입니다. 하지만 부동산사무실 대표들 역시 올챙이 시절이 있었고, 그리고 큰 중개업소는 많은 소공이나 중보들이 거쳐 갔기 때문에 호락호락하지 않습니다. 이미 소공이나 중보들의 마음을 꿰뚫어 보고 있는 상태에서 고용 관계가 시작됩니다. 그렇기 때문에 일을 친절하게 알려주지 않습니다. 일은 스스로 알아서 해야 하며 선배들이 일하는 것을 어깨 너머로 보고 스스로 터득해야 합니다. 이것이 대한민국 부동산 중개업소의 전반적인 환경입니다.

(4) 구체적인 목표설정

일을 시작할 때 연간 목표를 세웠다면 이제는 월간 목표를 세워야 합니다. 부동산중개업은 성수기와 비수기가 있고 거래금액이 크고 상가창업은 생업을 걸고 하는 것이기 때문에 꾸준하게 계약하는 것이 무척 어려운 업종입니다. 그래서 부동산중개업을 하는 사람들은 또박또박 월급을 받는 직장인을 부러워하기도 합니다. 하지만 제가 해보니 열심히만 한다면 1년에 2월이나 8월 두 달 정도를 제외하고 상가중개로 매월 돈을 버는 것이 가능합니다. 이러한 방법은 실전 편에서 있습니다.

(5) 업무 시작

업무는 크게 3가지 과정으로 요약됩니다. 물건작업 광고작업 고객미팅(영업) 이렇게 3가지가 전부라고 봐도 되겠습니다. 매우 간단해 보이지만 실상은 그렇지 않습니다. 물건작업에도 많은 방법이 있고 광고작업에도 많은 방법이 있으며, 고객미팅은 영업이라고 생각하셔야 합니다. 그럼 이런 과정을 통해서 계약이 나올 텐데 계약을 많이 그것도 꾸준히 쓰는 사람과 그렇지 않은 사람으로 구분해 볼 수 있겠는데요, 차이점은 무엇일까요? 이것은 기영추(기획력, 영업력, 추진력)입니다. 덧붙이면 멘탈(정신력)이 있겠습니다.

기영추(기획력, 영업력, 추진력) 멘탈에 대한 추가설명

- 기획력은 중개업 전체적인 측면에서 모두 활용이 가능합니다. 특히 1인 창업은 모든 것을 무(無)에서 시작하는 경우라서 대단히 중요합니다. 기획력은 조직을 생각하고 있는 사람이라면 반드시 필요하다고 생각하며 있는 사람과 없는 사람은 시간이 지날수록 격차가 커집니다.
- 영업력은 물건작업을 할 때 남들보다 좋은 물건을 확보하는 능력으로(가령 같은 물건이라도 권리금을 더 낮춘다거나) 고객과 미팅할 때는 고객은 꼭 나를 통해서 계약을 쓰는 것으로 표현할 수 있겠습니다. 예를 들면 내가 신입이라서 좋은 물건이 별로 없지만, 고객이 나를 신뢰하고 마음에 들어서 내가 좋은 물건을 찾아서 보여줄 때까지 기다려 준다거나 하는 형태를 말합니다. 또 다른 예를 들면 같은 물건으로 타 부동산과 경쟁을 하더라도 나를 선택하게끔 하는 능력이 되겠습니다. 심지어는 고객이 타 부동산에서 본 물건을 나를 통해서 계약하는 것도 영업력이라 하겠습니다. 영업력을 높이기 위해서는 보이는 모습과 나의 태도와 행동, 지식 등 여러 가지가 복합적으로 작용합니다. 핵심은 고객이 나를 신뢰하고 마음에 들어 해야 합니다.
- 추진력은 물건을 확보하는 능력, 많은 광고를 할 수 있는 능력, 많은 고객을 만나는 능력입니다. 체력이 뒷받침되어야 합니다.
- 정신력(멘탈)은 열정, 목표에 대한 열망, 지속적인 업무 활동을 할 수 있는 능력입니다. 추진력은 정신력에서 파생되는 경우입니다.

(6) 실패사례의 기록

초보 입장에서는 10번 이상의 실패를 거듭해야 1건 정도의 계약이 나올 겁니다. 실패할 때마다 고객은 왜 거절을 했는지 이유를 반드시 기록해야 합니다. 내가 아닌 타 부동산을 통해서 다른 물건으로 계약했더라도 물어보고 기록하고 그것을 복기해야 내공을 키울 수 있습니다.

(7) 필수 pc 활용

부동산중개업을 선택한 우리의 나잇대는 다양합니다. 20대부터 60대까지. 50대 초반 이하의 젊은 분들은 pc 활용능력이 어느 정도 있다고 보지만 50대 중반 이상인 분들은 pc를 활용한 업무 환경이 낯선 분들도 계실 겁니다. pc 활용능력이 부족하신 분들이 가장 먼저 해야 할 일은 컴퓨터와 익숙해지고 친해져야 합니다. 왜냐하면, 중개업의 모든 업무가 pc로 이루어지기 때문입니다. 타자속도는 빠르면 빠를수록 좋고 엑셀과 파워포인트, 한글 정도는 다룰 수 있어야 합니다. 엑셀은 기본적인 사무 업무를 위해서 반드시 다룰 줄 알아야 하고 파워포인트는 pc를 통한 물건광고를 하거나 제안서를 만들 때 유용하게 사용됩니다. 한글은 문서작업이지만 타자속도와 바로 연결되기에 모든 중개업무에 필요한 능력이니 꼭 어느 정도의 타자속도가 나오셔야 합니다. 그게 아니면 컴퓨터 활용능력이 있는 개인 비서를 써도 되지만 처음 중개업을 시작하는 입장에서 비용은 부담으로 작용합니다. 타자 연습은 하루에 3시간씩 2주일만 독하게 하면 중개업무와 관련된 업무를 하는 데 지장이 없을 겁니다. 1순위는 타자속도, 2순위는 엑셀, 3순위는 한글, 4순위는 파워포인트입니다. 이제는 그다음 단계입니다. pc로 업무를 보는 데 어느 정도 익숙해지면(타자속도의 상승, 문서작업, 인터넷 검색, 엑셀 사용 정도) pc를 통한 부동산 중개업무의 활용 방법을 알아야 합니다.

중개업무의 활용 구분

① 물건 찾기 – 온라인상 물건확보(인터넷 지도를 보고 전화하기, 개인 직거래 물건)

② 물건광고(무료) – 인터넷으로 물건광고(블로그 광고, 동영상 광고)

③ 물건광고(유료) – 네이버 부동산광고가 대표적이며 필수 유료 광고 정도로 생각하시면 됩니다.

④ 중개업무에 필요한 사이트 – 소상공인 상권분석, 민원24, 세움 터(건축물대장확인), 서울부동산정보광장, 공실 클럽, 토지이용 규제서비스, 인터넷등기소

자세한 내용은 제2장 상가중개영업 시작 편에서 다룹니다.

PART
02

상가중개영업
시작 편

01

창업 vs 소속 vs 동업

이번 장에서는 창업과 소속에 대하여 말씀드리겠습니다. 창업의 형태에는 세 가지가 있는데요, 1인 창업, 일반창업, 동업이 있습니다. 각창업의 형태마다 안내를 해드리고 장단점을 말씀드리겠습니다. 소속으로 갈 때 내 입장과 부동산의 입장 그리고 현실에서의 환경을 말씀드리겠습니다. 부동산업을 선택하셨으면 반드시 생각해보고 고민해야 할 부분입니다. 저도 고민한 부분이고, 현업에 있는 사람이 하는말이니 편하게 보시면 될 것 같습니다.

(1) 창업

① 1인 창업

1인 창업은 말 그대로 나 혼자서 공인중개사 사무실을 오픈해서 하는 창업을 말합니다. 장점을 말씀드리자면 월 유지비용이 저렴한 장점이 있으며, 직원을 관리해야 하는 스트레스가 없습니다. 단점은 외

로움 대화상대가 없다는 것입니다. 원래 부동산 일 자체가 외롭고 고독한 직업인데, 1인 창업이면 더욱 그럴 수 있습니다. 1인 창업을 하는 의미는 실패에 대한 리스크를 줄이기 위해서 최소비용으로 창업하는 것을 뜻합니다. 실패에 대한 리스크는 매출에 대한 부분과(장사가 잘되느냐의 여부) 월 지출비용(고정지출) 크게 두 가지입니다. 초보자 입장에서는 월 고정비용을 최소화하고 매출증대를 서서히 끌어올리는 것이 안정적이고 바람직한 운영 방향이라고 생각합니다.

월 지출비용을 가장 최소화하는 방법은? 합동사무실을 이용하는 방법이 있습니다. 합동사무실은 부동산을 운영하는 사람이 자신의 월 지출을 1/n로 나눠서 타인과 사무실을 공유하여 쓰는 방법입니다. 역시 월 고정비용을 최소화하려는 방법입니다. 강남지역에 찾아보면 많이 있습니다. 합동사무실의 장점은 저렴한 비용으로 창업할 수 있다는 점이 있지만, 단점은 전화 작업을 편하게 할 수 없다는 것입니다.

1인 창업을 합동사무실이 아닌 1층 점포에서 창업을 하는 방법도 있습니다. 1인 창업 콘셉트로 창업하는 것인 만큼 월 지출비용을 최소화하여, 월세 50만 원 이하인 곳에서 오픈하는 경우를 말합니다. 송파구, 강동구, 광진구도 찾아보면 이러한 점포는 꽤 여럿 있습니다. 사무실을 혼자서 쓰기 때문에 개인 프라이버시가 보호되고, 전화 작업도 편하게 할 수 있습니다. 1층 창업이기 때문에 주변의 주택가로부터 물건의뢰도 받을 수 있습니다(아주 기본적인 주택 전·월세를 깔고 가는 거로 생각하시면 됩니다). 실 평수는 10평 이내로, 차후에 직원을 고용해서 같이 일할 수 있습니다.

단점은 합동사무실 이용할 때보다는 월 지출비용이 커집니다. 합동사무실은 월세 이외에 나갈 게 전혀 없지만 1층 창업은 월세+관리비를 직접 부담해야 합니다(관리비에는 유무선통신비, 전기세, 수도세 그 외 부동산광고서비스이용료).

합동사무실 월세가 보통 30만 원이니, 합동사무실보다 월 지출이 최소 30~40만 원 정도 늘어난다고 보시면 됩니다. 그리고 사무실을 꾸며야 하는 최소비용도 최하 500만 원 정도(간판을 비롯하여 중고로 시설 집기 구매한다고 가정) 발생합니다. 보증금도 1,000만 원 정도는 필요합니다. 쉽게 얘기해서 10평 이하 1층 부동산 창업을 하려면 최소 2,000~3,000만 원 정도의 창업자금이 필요하다는 말입니다(1년 유지비용 포함).

② 일반창업

1인 창업이 아닌 직원을 고용해서 시작하는 경우를 말합니다. 경험이 있거나, 자신이 있는 분들은 이렇게 창업을 하기도 합니다. 소속으로 몇 년 정도 경험을 하고 크게 차려서 시작하는 사례도 있습니다. 그럼 창업을 하는 데 있어서 핵심요인은 무엇일까요? 바로 꾸준한 매출입니다. 꾸준한 매출이 나와야 지속적인 고정지출을 감당할 수 있을 겁니다. 매출은 계약입니다. 꾸준한 계약이 나오려면 물건이 있어야 합니다. 물건은 매물 장입니다. 그래서 매물 장을 목적으로 부동산을 몇 개월씩 이곳저곳 옮겨 다니는 분들도 있는 거로 알고 있습니다.

요즘은 꽤 좋은 입지에 인테리어도 카페처럼 꾸미고 오픈하는 형태의 부동산이 늘어나고 있는데요, 성공적인 정착이 되려면 많은 매물을 확보한 상태에서, 신뢰할 수 있는 멤버들로 구성이 된 상태에서 창업하는 것이 바람직하다고 생각합니다.

(2) 소속

많은 사람들은 처음부터 창업을 하지 않고 소속으로 들어갑니다. 왜냐하면, 일을 배워야 하기 때문입니다. 소속으로 들어가서 일을 하면 월 지출비용이 없어집니다. 하지만 내가 계약을 하면 총 수수료의 50~60% 정도만 가져가게 됩니다.

① 부동산 입장

창업비용과 월 고정비용 광고비용이 있고 직원을 고용해서 일을 알려주고 계약을 쓸 수 있게 만들어주면서 40~50%를 요구하는 건 당연합니다. 광고를 지원해 주지 않으면 강남의 경우 70%까지 줍니다.

② 고용인 입장

소공(소속공인중개사)이나, 중보(중개보조원)는 일을 배우는 것이 목적입니다. 대부분은 부동산 창업을 생각하고 있습니다.

③ 시장에서의 고용상황

부동산에서 사람을 뽑을 때 소장보다 어린 사람을 선호합니다. 이 말은 부동산 시장은 나이 제한이 거의 있다고 보시면 됩니다. 상가 전문부동산은 많지 않습니다. 많은 않은 상가 전문부동산에서 자리가 나더라도 젊은 사람들 위주로 어린 나이를 선호합니다. 왜냐하면, 상가는 물건작업에 대한 기동성이 필요하기 때문입니다. 부동산 관점에서 말씀드리면 선수(경력자)가 일하기 좋은 환경을 제공해주면서 오랫동안 직원으로 있는 형태와 그게 아니면 생초보를 뽑아서 조금씩 알려주면서 오랫동안 직원으로 있는 형태를 선호합니다. 중보 (중개보조원) 경력자 중에는 창업을 생각하지 않고 직원으로 가는 경우도 찾아보면 꽤 있습니다. 이들에게 좋은 환경은 광고지원과 함께 높은 수수료율을 적용해 주는 것입니다.

(3) 동업

동업의 형태로도 창업을 많이 합니다. 공인중개사 자격증이 두 개만 있으면 중개법인을 만들 수 있으니, 마음 맞는 사람과 창업하는 형태도 많이 봤습니다. 창업비용과 고정비용을 서로가 부담하니 창업과 유지에 큰 부담이 없는 장점이 있습니다. 단점은 1인자가 둘이니 불협화음이 생길 수 있습니다.

(4) 창업의 장단점

① 1인 창업
장점 – 월 유지비용이 저렴하다.
단점 – 합동사무실에서 창업 시 작업환경이 열악하다. 개인 프라이버시 보호가 안 된다.

② 일반창업
장점 – 개인 프라이버시가 보호된다. 업무 환경이 좋아진다, 직원을 고용해서 할 수 있다.
단점 – 최소 2,000~3,000만 원 정도의 비용이 필요하다.

③ 동업

장점 – 비용을 분담할 수 있다.

단점 – 불협화음이 생길 여지가 있고, 언젠가는 독립을 해야 한다.

02
점포개설과정

부동산사무실을 창업해서 사업을 하고자 한다면 반드시 사무실이 필요합니다. 부동산중개업은 등록제인데, 구청에서 등록을 해주는 요건으로 사무실이 필요함을 명시하고 있습니다. 이러한 행정적인 조건도 사무실이 필요하며, 업의 형태를 갖추고 유지하기 위해서는 반드시 사무실이 필요하다 할 수 있습니다.

부동산사무실은 크게 3가지로 구분해 볼 수 있습니다. 1층, 2층 이상, 합동사무실, 1층은 우리가 흔히 어디에서나 볼 수 있는 부동산사무실입니다. 보통 처음 창업하는 사람들 대부분 90% 이상은 1층에서 창업을 합니다. 왜냐하면, 주변에서 모두 1층에서 창업을 하고 알고 지내는 부동산중개업자들 모두 1층에서 하기 때문입니다. 그럼 왜 1층에서 창업을 하는 것일까요?

부동산중개업은 자영업이지만 서비스업이기도 합니다. 서비스업은 손님을 상대하는 일인데, 손님이 많아야 합니다. 손님은 자신의 소유와 이용에 관한 부동산 서비스를 받기 위해서 부동산에 연락을 취하거나 직접 방문을 해서 의뢰를 주기도 합니다. 그렇다면 손님이 어디에서든지 쉽게 들어오고 부동산이 여기에 있다는 것을 아는 것이 중요하다고 할 수 있습니다. 즉 손님 눈에 잘 띄고 쉽게 들어올 수 있는 곳이 좋은 점포라는 뜻입니다. 그래서 많은 부동산이 1층에서 창업을 하는 것입니다.

처음 창업자의 입장에서 이해가 더 쉽게 가기 위한 단적인 예를 들어 설명을 해보겠습니다.

유명 프랜차이즈의 대표 격인 p 제과를 생각해보겠습니다. p 제과는 언제나 동네 요지마다 횡단보도 앞이거나 사람들이 가장 많이 다니는 길목, 출퇴근 동선에 위치합니다. 생각해보면 각 지역에서 가장 좋은 위치를 선점하고 있음을 알 수 있습니다. 이러한 이유는 무엇 때문일까요?

p 제과는 s**라는 대기업에 속하는 제과제빵 브랜드입니다. 제품은 맛있고 퀄리티 또한 매우 훌륭합니다. 그렇다면 이러한 퀄리티 있고 맛있는 제품을 판매한다고 할 때 동네 구석에 들어가는 경우와 동네에서 가장 좋은 자리에 들어가는 것과 어떠한 차이가 생기게 될까요?

전자의 경우에는 팔리기는 하겠지만 꼭 p사의 제품을 구매하는 충성고객들만 구매하게 될 것입니다. 구매를 목적으로 찾아가는 형태로 매출이 발생하게 되며 이것은 매출에 한계점이 나타날 수 있습니다. 또한, 빵이라는 제품은 특이하게 맛있어서 판매된다기보다는 식빵, 바게트빵, 롤 케이크 등 식사 대용 간식 같은 대중화된 품목으로 구매되기 때문에 빵집 앞을 지나가다가 구매하는 경우가 매우 빈번하다고 할 수 있습니다. 즉 출퇴근 동선상, 마트 근처에 개인 빵집이 있다면 구매할 가능성이 큽니다.

후자의 경우는 제품의 퀄리티와 맛이 좋고 게다가 동네의 요지에 들어간다면 충성고객은 물론 비충성 고객의 소비가 이루어질 수 있습니다. 또한, 프랜차이즈의 목적은 가맹사업이기에 보이는 모습도 무척 중요합니다. 각각의 동네 요지마다 장사 잘되는 빵집이 모두 똑같은 간판에, 내부 인테리어에, 같은 제품을 판매한다고 하면 사람들은 누구나 창업을 하고 싶을 것입니다.

결론은 고객을 상대하거나 제품을 판매하는 서비스업, 요식업을 포함한 자영업의 성공과 실패는 상권과 입지가 미치는 영향이 대단히 큽니다. 부동산 사무소를 창업하는 것도 여지없이 적용된다는 점을 말씀드리고 싶습니다.

따라서 누구나 1층에서 창업하고 싶고, 또 창업하고 있지만 과연 이것이 가장 효율적인 방법일까요? 여기에는 함정이 숨어 있습니다. 1층에 좋은 자리에서 창업하면 로드 손님들이 많이 오게 될 겁니다. 그리고 나는 이러한 손님들을 계약으로 연결해야 합니다. 그렇다면 내가 준비되어 있는지를 잘 판단해 봐야 합니다. 또한, 월 지출도 생각해 봐야 합니다. 월 임대료가 크면 클수록 좋은 상권과 입지에 입점할 수 있습니다. 하지만 월 임대료도 감당하지 못할 만큼의 저조한 매출이 지속한다면 폐업은 시간문제입니다.

결과론적으로 한번 따져 보겠습니다. 대다수의 공인중개사는 1층에서 창업을 합니다. 그리고 폐업도 반드시 따라옵니다.

2019년 1분기 기준 폐업률은 77.9%라고 합니다(폐업률은 개업에 대한 폐업의 비중입니다). 즉 2019년 1분기 총 5,065명이 개업을 했지만 3,944명이 폐업을 했다는 말입니다.

이러한 폐업률을 연도별 1분기로 따져 보면 2015년 69.4%, 2016년 64%, 2017년 57%, 2018년 64.3%입니다. 현재 2019년이 가장 높은 걸 알 수 있습니다.

이러한 이유는 대다수 중개업자가 주거를 특히 아파트를 전문으로 하는데 현재 아파트 가격이 계속 내려가고 있어서 구매자는 더 떨어지기를 기다리는 심리이고 매도자들은 가격을 많이 낮춰야 거래가 되는 즉 급매물만 거래가 되는 시기이기 때문입니다.

이러한 수치가 시사하는 바는 3가지로 얘기해 볼 수 있습니다.

(1) 폐업한 사람들의 대다수는 1층에서 창업했다. 1층 창업은 전체 창업에서 90% 이상이며 저조한 매출에 비해 지속 발생하는 월 지출을 감당하지 못했기 때문이다(1층 창업이 무조건적인 대안은 아니다).

(2) 부동산 시장은 정부 정책에 좌지우지되는데 특히 주거가 그렇기에 우리는 주거 외의 부동산중개에도 관심을 가져야 한다.

(3) 시장에서 반드시 살아남는 창업을 해야 한다. 즉 월 지출을 최소화한 창업을 생각해 봐야 한다.

물론 위에서 얘기하는 것은 저의 생각일 뿐입니다. 하지만 저는 그렇게 창업을 했고 연 소득 1억을 해봤고 지금도 최소의 월 지출을 유지하면서 계약도 꾸준히 쓰고 있습니다.

저의 생각이 무조건 옳지는 않지만 그래도 지금까지 시장에서 살아남았고 점점 목표를 향해 나아가고 있습니다. 그럼 1층 창업이 무조건적인 정답이 아니라고 얘기를 하는데 그 대안은 무엇인지를 말씀드리겠습니다. 1층이 아닌 곳에서 창업하면 됩니다. 2층 이상에서 창업하거나 아니면 합동사무실을 이용하는 것도 하나의 방법입니다. 위에서 말한 창업의 방법은 1층 창업에서의 비용부담을 50% 이상 줄일 수 있습니다. 극단적인 예를 들어 말씀드리면 1년 해서 망할 거라면 1년 더 해보고 망하는 게 낫다는 뜻입니다.

1년이라는 시간을 더 벌었다면 그동안 해온 실패를 통해 얻은 경험과 시행착오는 새로운 계약을 쓰기 위한 소중한 경험이 됩니다. 또한, 1년간 계약을 단 한 건도 못하지는 않았을 것이고, 월 지출이 부담 없는 수준이라고 하면 평정심을 유지한 상태로 다양한 전략과 시도를 통해서 충분히 매출을 올릴 수 있습니다.

영업을 전혀 해본 적이 없는 신입 창업자 입장에서 월 지출은 80만 원 이하가 적당하다고 생각합니다. 합동사무실은 월세 30만 원에 모든 것이 해결됩니다(점포의 조건에 따라 주차비가 별도인 곳도 있음). 1층도 동네 상권이면 전용면적 10평 이하로 월세 50만 원 정도에 관리비 합쳐서 30만 원 정도면 충분합니다. 연간으로 따져도 총유지비가 1,000만 원이 안 나옵니다. 1,000만 원은 계약 한 건으로도 충분히 나올 수 있는 금액입니다.

가성비 좋은 사무실은 월 유지비용이 저렴하다는 장점은 있지만, 영업에 대한 환경이 열악하다는 단점도 있습니다. 특히 합동사무실은 여러 사람이 함께 이용하기 때문에 전화 작업에 대한 부분은 스트레스가 될 수 있습니다. 월세가 저렴할수록 점포의 환경과 조건은 열악해집니다. 2층 이상이라면 엘리베이터의 유무도 중요합니다. 내 입장에서는 월 지출이 저렴하고 나만의 사무공간이 생긴다는 장점이 있지만, 손님에게 브리핑한다거나 계약을 쓰기 위해 사무실로 부를 때는 단점이 될 수 있습니다.

하지만 상가의 경우는 대부분 업장에서 또는 업장 근처 커피점에서 계약을 쓰게 됩니다. 임대인 임차인 모두 그게 편하다고 생각합니다. 고객이 편하게 생각하는 대로 하는 게 우리 입장에서도 좋습니다. 사무실 근처 상가를 계약하는 경우에는 사무실에서 쓰면 됩니다. 상가의 경우는 우리가 임대를 맞춰주고 임차인이 정리하고 싶어 하는 점포에 새로운 임차인을 소개해주는 경우라서 우리에게 호의적입니다. 손님이나 기존임차인들 모두 자영업자들이 대부분이라서 사무실 컨디션에 대해서 그렇게 민감하게 반응하지 않습니다.

빌딩매매, 고급빌라, 대형 사무실을 전문으로 하는 경우에는 보이는 것이 중요하게 작용합니다. 보통은 사무실을 전문으로 하는 것보다는 상가가 난이도가 더 있고 그만큼 중개 보수 측면에서도 만족도가 더 큽니다. 초보 입장에서 처음부터 빌딩매매를 전문으로 하지는 않으므로 월세가 저렴한 1층 또는 2층 이상에서 창업하거나 합동사무실을 이용하는 것을 추천합니다. 장단점을 비교해 볼 때 단점보다는 장점의 만족도가 훨씬 크기 때문입니다.

즉 우리 초보가 1년간 계약을 쓰면 얼마나 쓰겠습니까? 최대한 지출비용을 줄이고 시장에서 살아남고 다음 연도를 준비하는 것을 목표로 해야 합니다. 그래야 정신건강에도 좋고 정신이 건강해야 업무도 집중해서 할 수 있습니다.

03

기존부동산 자리, 꼭 인수해야 하나?

점포를 찾던 중 눈에 들어오는 점포가 있습니다. 그것은 바로 기존 부동산 자리입니다.

현재 시중에 나와 있는 부동산 매물 중 권리금이 있는 것들은 모두 1층입니다. 1층이기 때문에 기존 사장님도 부동산 아닌 점포라도 바닥권리라도 주고 들어갔을 것이고, 권리가 없는 무권리라고 하더라도 자신이 들어간 시설비가 있어서(재활용이 안 되는 간판까지 포함해서 부동산사무실로 양도하면 한 번에 모든 시설 집기를 포함해서 거래할 수 있으니 부동산사무실로 거래를 원함) 권리금을 받고 나가고 싶어 합니다. 그래서 권리금이라는 것이 붙어 있습니다. 초보 창업자로서 권리금이라는 용어가 생소한 분들이 있을 테니 용어설명은 하단을 참고하시면 됩니다.

    권리금 = 시설권리 + 바닥권리 + 영업권리

시설권리 = 책상, 의자, 컴퓨터, 프린터, 냉장고, 에어컨, 모니터 등 중고로 판매가 가능한 시설 집기 일체

바닥권리 = 아무것도 없는 공실 점포임에도 불구하고 점포가 가지는 위치의 가치 즉, 입지에 대한 프리미엄

영업권리 = 부동산으로 이용 중이라면 중개업자가 그동안 계약을 쓰기 위해서 만들고 축적되어온 모든 자료(매물리스트, 건물주리스트, 고객리스트 등)

기존부동산 자리를 인수하는 것이 나에게 현명한 결정이 될 수도 있지만, 한편으로는 속된말로 '눈탱이 맞는다'라는 말처럼 극단적인 표현이 되겠지만 사기를 당했다는 생각이 들 수도 있습니다. 사기를 당했다는 후회를 하지 않으려면 결정하기 전에 기존부동산 점포를 인수하는 것이 나에게 어떠한 효용과 만족을 줄 것인지를 정확하게 따져 봐야 합니다. 점포를 인수할 때 점검해야 할 부분은 총 4가지입니다. 이렇게 점검하는 목적은 내가 인수할 점포인지? 패스해야 할 점포인지? 두 가지를 판단하기 위해서입니다.

(1) 기존부동산 사장님은 왜 점포를 내놓았나?
(2) 점포가 급매물인지? - 비용적인 측면
(3) 기존부동산 정보
(4) 회원업소 가입비? - 2,000만 원 이상의 금액을 주고 들어가야 할까?

(1) 기존부동산 사장님은 왜 점포를 내놓았나?

① 확장 이전인지? 아니면 폐업인지?

② 한자리에서 몇 년 동안 부동산사무실로 이용되었는지?

③ 오랫동안 운영이 되어왔다면 그동안 손바뀜이 몇 번이나 있었는지?

기존부동산 사장님은 장사가 안돼서 내놨다고 하더라도 절대로 그렇게 얘기하지 않습니다. 자기가 다른 일을 하고 있어서, 육아도 병행하고 있어서, 갑자기 몸이 안 좋아서 등 이런저런 핑계를 댑니다. 물론 진짜일 수도 있지만, 만약 장사가 안돼서 내놨다면 그에 따른 프리미엄 급매물이라는 조건이 붙어야 고민을 해볼 수 있을 것 같습니다. 급한 건 임차인입니다. 또한, 장사가 안된다면 이유는 반드시 있습니다. 입지가 좋지 않다거나 즉 1층 부동산 자리가 아닌데 엄한 데 들어가서 시설했다는 것이겠죠. 이런 경우는 정말 급매물이 아니면 구입을 하지 않는 것이 맞습니다(로드 손님을 기대하지 않고 월세가 저렴하다면 검토할 수 있습니다). 로드 손님이 없는 1층 부동산 자리는 월 임대료가 비싼 2층 이상의 사무실과 똑같은 경우겠죠.

만약 자리가 괜찮은데(입지는 좋은데) 장사가 안돼서 내놨고(개인역량이 이유라면) 가격도 괜찮다면 함께 고려해야 할 게 이 자리에서 얼마 동안 부동산으로 운영했는지를 봐야 합니다. 만약 한자리에서 10년간 부동산으로 운영이 되어왔다면 그동안 손바뀜이 몇 번이나 있었는지도 확인해 봐야 합니다. 10년간 부동산 자리였고 한 사장이 9년, 현재 사장이 1년이고 권리금도 저렴하다면 괜찮은 점포입니다.

10년간 부동산 자리였고 그동안 5명의 사장이 운영해왔고 내가 6번째 사장이 될 자리라면 평균 2년 이상을 못 버티고 바뀌는 경우인데 이럴 때는 버티기 힘든 어떠한 이유가 분명히 있습니다. 이러한 이유를 정확히 파악하지 못한다면 함부로 들어가면 안 됩니다.

(2) 점포가 급매물인지? - 비용적인 측면

위에서 말한 대로 계약 고려가 가능한 점포를 찾았습니다. 그러면 이제는 내가 찾은 기존부동산 점포와 비슷한 입지에서 신규로 창업할 때 들어가는 총비용을 따져 봐야 합니다.

비용을 따질 때는 기존점포는 권리금을 주고 들어가기에 권리금을 시설권리, 바닥권리, 영업권리로 나누어서 환산해 봅니다. 시설권리는 현재 시설 집기를 중고가격으로 환가를 하고(네이버 카페 중고나라를 통해서 비슷한 시설 집기의 중고가격을 확인하거나 중고전문매장에 전화해서 문의) 바닥권리는 주변 부동산에 가서 물어보면 인접한 점포들의 최근 거래사례를 통해서 확인할 수 있습니다. 영업권리는 해당 부동산에서 기존 사장이 얼마의 매출을 달성했는지에 따라 달라지기에 정확한 환가는 어렵습니다. 영업권리 DB 가격도 주변 부동산 거래사례에 의해 시세라는 게 존재하는데요, 보통 1층 부동산은 아파트 주거 전문이라서 아파트나 오피스텔 주인의 연락처가 될 겁니다. 지금처럼 주거용 부동산 경기가 안 좋을 때는 저렴하게 거래될 수 있습니다. 또한, 지난 매출은 현재 부동산 사장님의 개인역량에 의한 매출이며 손바뀜으로 인하여 지난 매출은 의미가 없기에 최대한 가격을 깎아야 합니다.

이러한 비용을 시설권리, 바닥권리, 영업권리로 환가한 다음, 신규로 들어갈 입지에서 들어갈 총비용을 계산하여 어느 것이 더 만족과 효용이 높은지를 생각해보고 판단해야 합니다.

(3) 기존부동산 정보

　기존부동산을 인수하는 것이 신규창업하는 것보다 금액적인 메리트가 있다고 판단이 되었으면 이제는 기존부동산에 대한 정보를 체크해야 합니다.

　앞서 얘기한 대로 기존부동산을 인수하는 것이 금액적인 메리트가 있으며, 전 사장은 장사를 괜찮게 해서 확장 이전하는 경우겠죠? 그럼 돌다리도 두드려 보고 건너라는 말이 있듯이 기존 업장이 어떻게 운영을 해왔는지 살펴봐야 합니다. 기존 운영방식을 알고 좋은 점은 배우고 잘못된 점은 수정해서 운영해야 합니다. 1층 부동산을 창업하는 이유는 로드 손님 유입입니다. 비용을 주더라도 손님이 유입되고 물건확보가 쉽기 때문이지요. 매출로 나와 주는 것은 개인역량 차이입니다.

> **TIP**
>
> ### 체크사항
>
> - 월평균 지출 - 금액체크, 세부항목까지(전기, 수도, 일반관리비)
> - 월평균 매출 - 월별로 체크하되 성수기와 비수기 체크
> - 주 종목 - 종목별 계약 비율을 체크하고 주 종목은 무엇인지
> - 계약 내용 - 계약에 대한 광고 손님과 로드 손님의 비율
> - 직원이 있었다면 직원고용형태는? 비율제 월급제
> - 로드 손님은 어떤 유형이 가장 많이 왔는지? - 찾는 것은 무엇인지?
> - 인근 주민들은 어떤 목적으로 방문했는지?
> - 행정처분 여부 - 기존부동산 상호 그대로 인수할 때 체크할 사항

(4) 회원업소 가입비? - 2,000만 원 이상의 금액을 주고 들어가야 할까?

기존부동산 사무실로 최종 선택을 했다면 계약서에 사인하기 전에 심각하게 고민해야 할 사항이 한 개가 남아있습니다. 그것은 바로 회원업소 가입이라는 부분입니다. 회원업소 가입이라는 건 지역마다 부동산중개사무소의 모임을 만들어서 회원들끼리만 친목 도모 공동 중개를 하는 형태를 말합니다. 그럼 부동산 중개업자들은 왜 이런 모임을 만들었을까요?

제가 생각한 이유는 크게 두 가지입니다.

① 서로가 가지고 있는 물건을 공유해서 회원들의 계약률을 더 높이자.
② 시간이 흐를수록 새로운 중개업자가 우리 지역에 진입하니 결국 우리 밥그릇을 나눠줄 수밖에 없다. 그럼 우리는 최대한 우리 밥그릇을 지켜야 한다. 회원제를 만들어서 가입비를 받고 받아들이거나 그렇지 않으면 배척하자.

첫 번째는 부동산중개는 물건과 손님 두 명 사이에서 소개와 중재자의 역할로 계약이 이루어집니다. 그럼 계약을 쓰기 위해서는 물건과 손님을 모두 내가 컨트롤을 해야 하는데, 나와 같은 중개업자로서 서로가 신뢰할 만큼 관계가 있는 사이라면 서로가 가지고 있는 물건이나 손님을 공유하면 계약을 손쉽게 더 많이 할 수 있습니다. 부동산 쪽에서는 농담조로 신뢰할만한 동료 5명이 있으면 평생 먹고 살

수 있다는 말도 있습니다.

 두 번째는 매년 시행되는 공인중개사 시험으로 인해서 중개업소는 계속 늘어나고 있습니다. 그럼 기존에 중개업을 하던 사람들 지역으로 신규 부동산 업소들이 생기는데, 자신들의 밥그릇을 최대한 지키기 위해서 하는 행동으로 볼 수 있습니다. 보통 회원가입비용은 지역마다 다른데 2,000만 원~1억5천 정도 한다고 합니다. 회원가입을 하지 않으면 계약을 쓰는 게 쉽지 않다고 합니다. 물건 공유는 당연히 하지 않을 것이고 내게 온 손님은 반드시 지역 경쟁 부동산도 방문할 텐데요. 손님이 듣기에 좋지 않은 얘기도 한다고 합니다. 특히 아파트 위주의 지역이 심하다고 합니다. 이렇게 회원업소가입이라는 부분은 기존중개업소를 인수할 때 반드시 부딪칠 부분입니다. 저는 개인적으로 회원업소 가입을 좋지 않게 생각합니다. 이러한 행위는 엄밀히 따지면 공정거래법 위반입니다. 기존 업소들의 입장도 이해는 되지만, 객관적인 입장에서 보면 잘못된 관행이라고 생각됩니다. 하지만 현실이 이러하니 현실에 내가 맞추거나 그렇지 않으면 마음을 단단히 먹고 비회원 업소로 개척을 해야 합니다. 상가임대나 토지 빌딩 매매를 전문으로 하겠다고 하면 업종의 특성상 회원업소를 할 필요가 없습니다. 회원업소는 주거용 부동산 특히 오피스텔, 아파트 단지를 전문으로 할 때 필요한 경우입니다.

04

업무 시작 전
사전준비(점포개설 이후)

점포계약까지 끝냈습니다. 기존부동산을 인수하신 분 또는 1인 창업, 소액창업으로 합동사무실이나 10평 이내 사무실로 시작하시는 분들도 있을 겁니다.

신규로 창업하신 분들은 업무에 필요한 시설 집기와 내외부 기본적인 인테리어를 하게 될 겁니다. 부동산 사무소에서 필요한 시설 집기는 책상과 의자, 소파, 컴퓨터, 프린터, 지도 정도가 되겠습니다. 외부는 간판 비용 정도가 들어갑니다. 10평 기준으로 모두 새 걸로 구매한다고 해도 1,000만 원이면 쓰고도 남습니다. 그 외 공인중개사협회 공제가입비용 50만 원 그리고 지역회원에 가입한 분들은 추가금액이 있을 테고, 비회원으로 시작하신 분들은 추가금액이 없을 겁니다. 그럼 이제 여러분들은 부동산중개업이라는 경쟁이 매우 치열한 시장에 뛰어들었습니다. 우리의 목표는 한가지! 다음과 같습니다.

'시장에서 살아남고 경제적인 은퇴를 할 때까지 연봉 1억 이상을 유지하면서 롱런하자.'

목표가 있으면 목표를 이룰 구체적인 방법이 있어야 합니다. 보통 부동산중개업에서 자리를 잡는 기간을 2~5년 차 정도로 볼 수 있습니다.

영업경험이 없는 사무직 직장생활을 하던 A라는 분이 중개업을 한다고 했을 때 최소한 아무리 빨라도 2년 차 정도에 자리를 잡게 되며 1년 차는 무조건 시행착오를 겪습니다. 영업자질이 뛰어난 사람이라도 처음 접해 보는 업무이기 때문에 시행착오를 겪을 수밖에 없습니다. 지금 책을 보시는 분들 모두 성공적인 창업을 계획하고 있습니다. 하지만 1년 전에 창업했던 분 중에서도 매출이 잘 나오지 않아서 시행착오를 겪는 동안 돈을 벌지 못하는 기간을 버티지 못하고 폐업을 하는 분들이 많은 게 사실입니다. 본인도 1년 안에 폐업하는 사람 중에 포함될 수도 있습니다. 그럼 왜 버티지 않고 폐업할까요? 그것은 바로 과도한 월 지출을 감당하지 못하기 때문입니다. 돈을 벌지 못해도 월 지출이 적으면 부담이 없고 부담이 없으면 평정심을 유지하면서 일에 집중할 수가 있습니다. 그래서 저는 월 지출을 최소화하기 위해서 합동사무실에서 창업했습니다. 사업적인 전략이나 계획은 그다음 문제입니다. 글쓴이 강 소장의 키워드는 '1인 창업', '시장에서 살아남는 창업', '버티는 창업'입니다.

그럼 성공적인 정착을 위한 전략은 무엇일까요? 저와 같이 월 지출을 최소화한 창업은 환경이 열악합니다. 로드 손님은 기대하기 힘들고 비회원이라면 지역 부동산과의 공동중개가 안 되므로 오직 혼자서 시작하겠지요. 그럼 공동중개를 하지 않으면서 남들이 하지 않는 종목을 선택하면 됩니다. 난이도가 있는 종목이 되겠지요. 계약 건수는 많지 않지만, 소득이 많은 종목… 바로 상가 토지 건물입니다. 상가중개의 장점은 제1장에서 이미 많이 설명해 드렸습니다. 정리해서 1인칭 시점에서 내가 창업을 하는 사람이라고 생각하고 말씀드리겠습니다.

- 나는 40대 중반 나이에 두 아이의 아빠로서 회사생활을 정리하고 작년에 따둔 공인중개사 자격증으로 부동산 창업을 생각하고 있는 사람이다.
- 내가 부동산 창업을 생각하고 있는 이유는 두 가지이다. 경제적인 정년 없이 일을 계속할 수 있다는 것과 개인 능력에 따라 억대 소득을 벌 수 있다는 것이다. 구체적인 나의 목표는 경제적인 은퇴를 하기까지 중개업을 통해서 연봉 1억 이상을 꾸준하게 가져가는 것이다.
- 1년 차까지는 고생을 하더라도 2년 차부터는 월평균 500만 원 정도는 꾸준하게 벌고 싶다. 3년 차부터는 연 순소득 1억 이상을 꾸준하게 벌고 싶다.
- 하지만 알아보니 많은 부동산이 1년 이내에 생겼다가 없어지는 것이 많으며 요즘에는 폐업률이 창업률보다 더 높다고 한다. 나는 절대로 실패를 하면 안 된다. 반드시 창업해서 성공해야 한다. 두 달 전부터 알아봤던 기존부동산과 신규창업자리를 두고 고민에 고민을 거듭한 결과 나는 신규창업을 하기로 했다.

- 그것도 합동사무실을 선택했다. 신규창업을 선택한 이유는 회원 가입비를 내고 싶지 않아서였다. 합동사무실을 선택한 이유는 1년간 많은 시행착오를 하면서 업무를 익혀야 하는데 내가 생각했던 것을 해볼 수 있는 업무환경에서 매월 30만 원이라는 비용만 내는 것이 시장에서 살아남는 가장 효율적인 방법이라고 판단했다. 그리고 여기에 있는 중개업자 대부분이 경력자들이라 그들을 통해서 얻는 간접경험도 분명히 할 수 있을 거라 생각이 들었다.
- 합동사무실이라는 환경에서 내가 돈을 벌려면 어떠한 전략으로 가야 하는지에 대해서 생각을 해보았다. 그것은 바로 상가를 전문으로 그리고 빌딩과 토지까지 해보는 것이다. 상가는 권리금이 있어서 난이도가 있고 소득도 높고 전문으로 하는 부동산도 별로 없어서 전문성을 키운다면 메리트가 있다는 판단이 들었다.

05

상가중개영업의
전체과정

이제는 실전입니다. 실전에 들어가기 전에 상가중개의 포지션과 왜 상가중개를 주 종목으로 선택했는지 그리고 어떠한 메리트가 있는지를 간략하게 다시 한번 말씀드리고 계약이 이루어지는 과정을 전체적으로 알기 쉽게 설명을 해드리겠습니다.

상가는 부동산중개업 종목 중 중간 정도의 위치에 있습니다. 크게 주거용 부동산과 비주거용으로 나눈다면 비주거용에 속하고, 임대와 매매 중에는 임대에 속합니다. 난이도는 주거용보다 비주거용 부동산이 더 어렵습니다. 소득 또한 보편적으로 비주거용 부동산이 더 높습니다. 임대와 매매로 구분한다면 매매보다는 임대의 수요자가 훨씬 더 많습니다. 임대는 부동산 이용의 개념이고 매매는 소유의 개념입니다. 부동산은 매우 비싼 물건이니 돈을 주고 부동산을 사고파는 것보다는 비용을 지불하고 이용하는 임대의 수요자가 훨씬 더 많겠지요?

그렇다면 상가는 비주거용에 속하고 임대에 속하니 수요자는 많고 주거보다 난이도가 있고 소득도 높다고 할 수 있습니다. 그 외에 여러 가지 장점이 있는데요, 현업에서 오랫동안 중개업을 하신 분들 또는 중개업 상위 1%에 속하는 분들은 모두 빌딩이나 건물 토지매매를 주력으로 하고 있습니다. 이러한 분들은 중개업을 시작하는 우리에게는 멘토이자 목표와 같다고 할 수 있겠는데요, 이러한 분들이 가진 경험과 내공을 최대한 빨리 습득하는 것이 우리가 원하는 방향입니다. 그럼 가장 빠르게 경험과 내공을 습득하는 방법은 무엇일까요? 바로 상가를 주력으로 하는 것입니다.

보통 상위 1%에 있는 분들은 빌딩이나 건물 토지매매를 많이 한다고 말씀을 드렸는데요, 이런 분들은 중개 보수를 건당 최소 2,000만 원 이상 받게 됩니다. 여기에는 두 가지의 방법이 있습니다. 거래금액이 큰 경우와 컨설팅 계약을 통해서 수수료를 받아가는 방법입니다.

상가의 경우는 임대에 속하니 수요자가 많습니다. 또한, 영업하는 점포 대다수는 권리금이 있는데요, 이것은 컨설팅 계약을 통해서 수수료를 받을 수 있으니 비주거용 부동산 매매(토지 빌딩)와 난이도는 비슷하다고 할 수 있고 수요자는 많으니 계약을 많이 할 수 있어서 단기간에 많은 경험과 내공을 쌓을 수 있는 효율적인 방법입니다.

조금 더 구체적으로 말씀을 드리겠습니다. 상가임대의 경우는 권리금이 있다고 말씀드렸습니다. 권리금은 중개대상물이 아닙니다. 우리 공인중개사는 중개대상물만 중개할 수 있다고 법으로 명시되어 있습니다. 그럼 상가임대를 할 때 대부분 권리금이 있는데 이것에 대한 중개 보수는 어떻게 받아야 하는 걸까? 라는 의문이 생기실 겁니다.

상인들 관점에서는 자신의 점포가 팔리느냐 안 팔리느냐, 이것이 중요합니다. 자신들의 가게를 팔고 싶어서 내놨고 구매자를 소개해주는 부동산에 수수료를 지급하는 것은 아주 당연하게 생각합니다. 하지만 권리금은 중개대상물이 아니어서 법정 중개료율에 적용받지 않습니다. 현실에서는 권리금에 대한 수수료는 임차인과 협의를 통해서 별도로 받고 있습니다.

그럼 계약 과정을 말씀드리겠습니다. 부동산은 주거용이나 비주거용이나 모든 패턴은 동일합니다. 물건작업이라는 과정을 통해서 물건을 확보하게 되고 확보된 물건을 광고해서 손님 문의가 오면 손님에게 물건을 보여주고 손님이 계약하겠다고 하면 계약이 성사됩니다,

이것이 모든 부동산 중개계약의 전부입니다. 말은 쉽지만, 현실에서 계약은 쉽게 되지는 않습니다. 상가는 고객별로 창업에 대한 아이템이 모두 다 다릅니다. 자신들이 원하는 상권과 입지와 예산에 맞는 물건을 소개해야 계약이 나옵니다. 그리고 이것은 손님 쪽 입장입니다. 물건 쪽 임차인은 자신이 원하는 권리금을 받아야 계약을 할 의향이 있습니다. 부동산이 중간자로서 조율이 가능한 시점은 물건확보가 많이 어느 정도 되어있는 상태에서 광고했고 광고로 손님 문의가 왔고 손님이 점포를 보고 어느 정도 마음에 들어 할 때 조율을 해볼 수 있습니다. 시작은 물건작업부터라는 것을 아시겠죠?

그럼 물건, 광고, 영업 이렇게 3가지로 나누어 볼 수 있습니다. 영업은 손님과의 첫 통화부터 계약까지의 과정을 말합니다(영업이라는 표현은 저자의 주관적인 표현입니다). 한번 항목별로 좀 더 자세히 살펴보겠습니다.

물건

부동산 관점에서 광고가 가능한 점포를 말합니다. 중개인은 계약을 해야 중개 보수가 생기는데 중개계약을 위한 첫 시작점이라고 할 수 있습니다. 물건을 최대한 많이 확보해야 하는데 물건을 확보하는 방법은 많습니다. 대표적으로 직접 점포를 방문해서 명함을 주고 물어보는 방법이 있고, 일간 지역정보지에 자영업자들이 직접 팔기 위해 내놓은 물건을 보고 전화하는 방법, 인터넷 지도를 보고 전화를 해서 물어보는 방법 등 다양합니다.

광고

광고는 손님 문의 전화를 받기 위해 하는 모든 행동을 말합니다. 방법으로 본다면 오프라인 온라인 광고가 있고 비용으로 본다면 무료광고와 유료광고가 있습니다. 오프라인은 신문지면, 현수막(건물에 붙어있는 임대문의) 정도가 있습니다. 온라인은 블로그, 네이버 카페, 유튜브 등 컴퓨터를 활용한 모든 방법입니다.

유료광고는 신문광고, 현수막 광고, 포털사이트를 통한 부동산광고(네이버 부동산) 그 외 부동산광고업체를 통한 유료광고가 있습니다. 무료광고는 블로그 광고, 포털사이트카페를 통한 광고입니다. 광고는 많이 해야 문의 전화를 많이 받을 수 있습니다. 손님에는 진성손님과 가성손님이 있는데 문의 전화가 많이 와야 진성손님의 비율도 높아집니다.

무료광고라고 해서 손님의 질이 떨어지거나 진성손님의 비중이 작거나 하지는 않습니다. 무료와 유료를 함께 사용하는 것을 추천합니다.

영업

　손님 문의 전화가 온 시점부터 계약 성사까지의 전 과정을 말합니다. 부동산은 서비스업이지만 광고를 해서 찾아오는 사람을 상대하는 업종이라서 영업에 대한 비중이 작다고 생각하는 것이 일반적인 시각입니다. 하지만 계약을 많이 쓰는 사람은 자신만의 특별한 무엇인가가 있습니다. 역시 계약률을 높이려면 반드시 영업력이 필요합니다. 영업력은 손님이 계약서에 사인을 하게 만드는 개인역량을 말합니다. 개인역량은 물건과 광고, 영업 모든 분야에 적용됩니다.

정리

　창업하고 업무를 시작해서 물건작업을 해보면 물건 확보하는 것은 어렵지 않습니다. 물건 확보하는 것은 누구나 다 할 수 있는 일이고 이것이 팔릴만한 매물인지 아닌지를 판단할 수 있어야 합니다. 이것을 알 수 있으려면 점포의 시세를 알아야 합니다. 시세는 금액입니다.

　금액적인 부분을 말씀드리면 이 점포는 현재 임차인이 들어오기 전에도 다른 임차인을 통해서 영업하고 있었으며, 지금은 팔릴만한 매물이 아니라 하더라도 반드시 언젠가는 거래됩니다. 이러한 미래에 발생할 거래의 원인은 금액 변동입니다. 금액은 점포의 비용(보증금+월세)과 권리금을 말합니다. 점포의 비용은 시세라는 게 있어서 큰 변동은 없으며 대부분 원인은 권리금의 변동입니다.

　그럼 '권리금이 시세보다 떨어지면 무조건 거래가 가능한가?'라는 물음에는 '반은 맞고 반은 아니다'로 말할 수 있습니다. 점포가 가격이 내려가면 사는 사람 입장에서 금액에 대한 부담이 낮아지니 다시 한번 보는 것은 맞지만, 이 자리에서 커피나 식당처럼 손님이 원하는 업종으로 장사할 때 과연 잘 될 것인가? 이것을 판단하고 진행 여부를 결정하게 됩니다. 초보 창업자 소자본 창업자는 금액이 결정의 1순위입니다. 자영업 경험이 있거나 2호점, 3호점을 내는 사람들은 점포 조건, 상권과 입지를 1순위로 생각합니다.

부동산 입장에서 권리금을 깎아야 하는 건 당연하지만, 고객이 원하는 업종에 맞는 상권과 입지를 볼 줄 알아야 합니다. 이것은 상권과 입지에 따른 매출 예상으로 연결됩니다. 주거용 부동산이나 사무실과 달리 상가는 업종이 많고 업종별로 고객이 원하는 상권과 입지가 전부 다릅니다. 고객이 원하는 점포를 찾아줘야 계약이 됩니다. 가격이 비싸고 시세 이상이라 하더라도 고객에 따라서 점포의 희소성이라든가 원하는 콘셉트에 맞는 점포를 찾아주면 계약이 될 수 있습니다. 그래서 많은 경험이 필요합니다. 고객을 만나서 어떤 유형인지, 무엇을 원하는지 잘 파악해서 요구사항대로 소개해주는 것이 계약으로 가는 가장 빠른 길입니다(고객이 원하는 것을 소개해준다는 말은 단순한 말이지만 매우 중요한 포인트입니다).

06

컴퓨터 활용능력
키우기

　현재 우리나라에서 부동산중개업을 하기 위해서는 컴퓨터 활용은 필수입니다. 중개업뿐만이 아니라 모든 사무 업무의 시작과 끝은 컴퓨터를 통해서 이루어진다고 보시면 됩니다. 과거 컴퓨터의 보급이 대중적이지 않은 시절에는 회사에서 사무 업무를 볼 때 모든 작업이 수기로 이루어졌습니다. 부동산도 마찬가지로 매물장부라고 해서 노트에 물건리스트를 작성해서 필요할 때마다 보면서 업무를 했었는데요, 경력이 오래되신 분들이 운영하는 부동산을 가보면 아직도 수기로 중개업을 하시는 걸 심심찮게 볼 수 있습니다. 하지만 지금은 모든 사무 업무는 pc로 진행이 되며 우리는 pc 활용은 선택이 아닌 필수인 시대에서 살아가고 있습니다. 물론 지금도 수기작업을 안 하는 건 아니지만 사용빈도나 중요도 측면에서 pc 활용이 더 높다는 점을 말씀드립니다. 그럼 중개업을 할 때 어떻게 pc를 사용하는지 살펴보겠습니다.

상가중개영업 실무, 이 책 한 권이면 끝

(1) 타자속도 - 원활한 문서작성을 위한 400~500타 정도 필요

(2) 문서작성(한글 워드) - 모든 작업의 기초 계약서 관련 업무, 업무일지, 활동일지 등 광범위한 문서작성을 위한 프로그램

(3) 엑셀 - 물건(매물)리스트의 작성, 건물주(임대인) 리스트 작성 등 업무처리를 위한 핵심 프로그램

(4) 파워포인트 - 제안서를 만들거나 프레젠테이션 자료를 만들 때 사용하는 프로그램

(5) 동영상 - 곰캠 등 여러 가지 프로그램을 통해서 동영상을 만들고 블로그나 카페, 유튜브에 업로드할 수 있음

위에서 언급한 5개 중 5번과 4번을 제외하더라도 1번부터 3번까지는 반드시 필수적으로 그것도 능수능란하게 다룰 수 있도록 준비하셔야 합니다. 시간이 걸리더라도 꾸준히 노력해서 반드시 익히셔야 합니다. 왜냐하면, 일할 수 있는 시간은 한정되어 있는데 사무업무 때문에 많은 시간을 소비하는 것은 매우 비생산적이기 때문입니다.

(1) 타자속도

모든 pc 활용과 문서작업을 위한 기본과정입니다. 타자속도가 나오지 않으면 중개업을 할 때 아주 심각한 문제를 초래하게 됩니다. 광고할 때도 직접 타이핑을 해서 입력해야 하며 계약서를 작성할 때나 물건리스트를 작성할 때 등 모든 작업에 필요한 기본적인 능력이 타자속도의 향상입니다. 관련된 자격증은 컴퓨터활용능력, 워드프로세

서, 모스, 사무자동화산업기사가 있습니다. 부동산중개업을 하는데 굳이 자격증을 취득할 필요까지는 없을 것 같지만 부동산중개업을 평생업으로 생각한다면 도전해보는 것도 좋다고 생각합니다. 필기와 실기로 나누어져 있고 난이도는 필기, 실기 모두 한두 달 하루에 2~3시간 정도 투자하면 딸 수 있는 자격증입니다. 바로 중개업 창업을 생각하신다면 한 달 정도는 꾸준하게 타자 연습을 통해 타자속도를 올리셔야 합니다.

타자 연습을 할 수 있는 사이트를 소개하겠습니다.
1. 한컴 타자 연습 – 네이버 검색란에서 한컴 타자 연습을 검색하거나 한글프로그램 설치 시 자동설치 됩니다.
2. 네이버 타자 연습 – 네이버 검색란에서 '네이버 타자 연습'이라고 검색하시면 나옵니다.
그 외 타자 연습이라고 검색하시면 많은 사이트가 보일 겁니다. 그 중 아무거나 선택해서 하시면 됩니다.

NAVER | 네이버 타자연습 | 검색

통합검색　웹사이트　이미지　블로그　지식iN　카페　지식백과　동영상　더보기 ▾　검색옵션

연관검색어 ? 　타자연습　한컴타자연습 2019 무료설치　한컴타자연습　한글과컴퓨터　신고 ✕

타닥타닥 타자연습　한글 타자연습　맥북 타자연습　한글과 컴퓨터 타자연습　더보기 ▾

웹사이트
도움말

네이버 타자연습
http://navertaja001.utilitues.cf ▾
네이버 타자연습 다운로드 한글타자연습 다운로드 무료타자연습 인터넷타자연습

네이버 타자연습
http://historicreport.co.kr/freeboard/620 ▾
네이버 자료실에서 타자연습을 검색하면 아래와 같이 인기순으로 타자연습 소프트웨어가 나옵니다. 제가 해본건 변개손, 손오공 타자, 몰라리스 타자연습인데 다... 추억의 타자연습이라고 할 수 있죠ㅎㅎㅎ 아주 오래된 프로그램이지만 어릴 때 이거 연습...
2019.02.28.

간단한 타이핑(타자연습) 게임 - JAVA
https://blog.naver.com/vskd789/220852772123
import java.io.BufferedReader;import java.io.IOException;import java.io.InputStreamReader;import java.util.Random.public class PracticeTyping {public static void main(String[] args) throws IOException // 타자 연습게임// --------설계...
네이버 블로그　2016.11.03

웹사이트 더보기 ›

블로그

한컴타자연습 2019 무료설치, 파일올렸어요! 5일 전
필자가 이번에 소개해드릴 한컴타자연습 2019 무료설치의 경우는 기존의 타... 실제로 네이버 소프트웨어 페이지에서도 보면 문서 편집과 변환프로그램에서는 가장...
뮤트의 감성IT 블로... blog.naver.com/victoryace89/221518728100　블로그 내 검색

타자연습 영어타자 영타연습 무료! 2019.04.04.
영어타자 타자연습 영타연습을 어떻게 하면 효과적으로 할 수 있는가! 에 대한... ㅋㅋㅋㅋㅋㅋ
ㅋㅋㅋㅋㅋㅋㅋㅋㅋㅋ 이걸 네이버가 싫어할 수도 있겠으나
김원장의 탐구생활　brighten.edu.com/22150... 네이버 타자연습 검색화면

(2) 문서작성(한글 워드)

한글이나 MS워드를 이용해서 합니다. 타자속도가 300~500타 정도 나온다고 가정하면 원만하게 문서작업을 할 수 있습니다. 중개업을 하면서 필요한 문서작업은 계약서를 수정하거나 한글이나 워드에서 필요한 문서를 만들거나(가령 영수증이라든지) 업무일지와 같은 것을 쓴다든지 광범위하게 이용됩니다. 보통 대기업이나 중견기업 규모 이상인 법인들은 MS워드를 많이 사용하는 편이고 개인이나 공공기관, 공기업은 한글을 사용하는 편입니다.

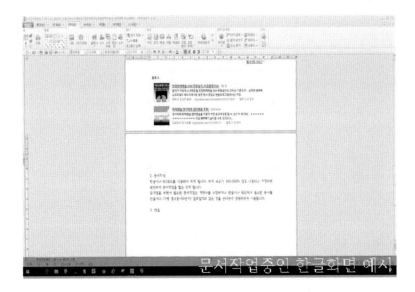

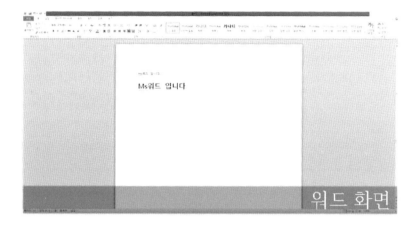

Ms워드 입니다

워드 화면

(3) 엑셀

엑셀, 파워포인트, 워드 3가지를 합쳐서 MS오피스라고 부릅니다. MS오피스는 전 세계적으로 가장 많이 사용하는 대표적이고 표준 격인 사무 업무 프로그램이라 생각하시면 됩니다. 앞서 모스라는 자격증을 소개했는데요. 모스는 마이크로소프트에서 인증하는 자사 MS오피스 프로그램 활용능력을 검증하는 자격시험입니다. 마이크로소프트는 우리가 쓰고 있는 컴퓨터 운영 프로그램인 윈도를 개발한 회사입니다. 아주 어마어마하게 큰 회사라는 짐작이 가시겠죠?

엑셀은 MS오피스에 포함된 프로그램이며, 우리 중개업에서 매우 중요하게 사용됩니다. 매물리스트, 손님 리스트, 컨설팅자료, 건물주 임대인리스트를 작성할 때 사용되는데요, 중개업무를 하는데 필요한 필수 프로그램이라 할 수 있습니다. 또한, 엑셀은 자동 서식 기능과 표 만들기 등 여러 가지 강력한 기능을 제공합니다.

외식업종별 통계치에 따른 이용인구 수 예상

단위 : 명

업종		A. 고깃집	B. 한정식 향토음식	C. 패밀리 레스토랑	D. 이탈리안 레스토랑	E. 일식집	F. 패스트푸드	G. 요리주점	H. 뷔페	I. 기타	합
통계치		33.0%	14.5%	12.7%	10.7%	7.5%	6.6%	4.6%	4.3%	6.1%	100.0%
통계치 적용	거주인구수	1,427	627	549	463	324	285	199	186	264	4,482
	직장인구수	339	149	131	110	77	68	47	44	63	1,065
	합	1,766	776	680	573	401	353	246	230	327	5,353
(증식) 대체 이표율	5%	88	39	34	29	20	18	12	12	16	268
	10%	177	78	68	57	40	35	25	23	33	535
	15%	265	116	102	86	60	53	37	35	49	803
	30%	530	233	204	172	120	106	74	69	98	1,606
	50%	883	388	340	286	201	177	123	115	163	2,676
	80%	1,413	621	544	458	321	283	197	184	261	4,282
	100%	1,766	776	680	573	401	353	246	230	327	5,353
대체이용 예상인구 수		1,413	621	340	286						

(4) 파워포인트

파워포인트는 제안서를 만들 때 주로 사용합니다. 예를 들어 대형 사무실을 임대하기를 희망하는 법인 손님이 있습니다. 손님이 원하는 지역에, 금액에, 조건에 맞는 물건을 10개를 찾았습니다. 그럼 이러한 내용을 손님에게 전달해야 하는데 손님은 법인이며 대표가 아닌 실무자와 미팅을 하게 됩니다. 그럼 실무자는 대표에게 내용을 보고해야 하는데 문자로 내용을 전달하는 것과 파워포인트로 한눈에 들어오게 정리해서 보내주는 것 두 가지 중 어떤 것을 더 좋아할까요? 당연히 후자입니다.

　파워포인트는 일반적으로 법인 손님을 상대하거나, 빌딩매매를 할 때 등 비교적 고가의 부동산을 취급할 때 제안서를 만들어서 손님과 미팅할 때 이용하는 편입니다.

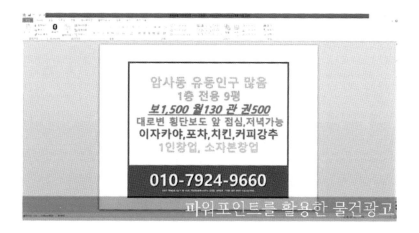

(5) 동영상

요즘은 동영상의 시대입니다. 동영상 플랫폼이 가장 활성화된 사이트는 유튜브입니다. 유튜브로 한 해에 억 단위로 돈을 버는 사람들이 매스컴에 종종 등장하곤 합니다. 과거와 현재까지는 다음, 네이버 카페, 싸이월드, 블로그, 페이스북의 시대였다면 지금은 동영상의 비중이 점점 증가해서 가장 영향력 있는 콘텐츠가 되어가고 있습니다. 부동산도 물건광고를 동영상으로 하는 분들이 점점 늘어나고 있습니다.

물론 부동산의 특성상 물건을 뺏기지 않게 보안 관리를 하면서 동영상을 만들어야겠지요? 초보자 입장에서 동영상을 제작하고 수정하는 것은 굉장히 난이도가 있는 작업입니다. 동영상을 활용한 광고는 많은 광고 툴 중의 하나이며 동영상의 시대라고 해서 이것을 꼭 해야 한다고 말씀드리지는 않겠습니다. 부동산은 매매가 가능한 물건 중에서 가장 비싼 물건입니다. 부동산 구매자들이 모두 동영상을 통해서 구매할까요? 절대로 그렇지 않습니다. 동영상은 인터넷을 잘 활용하는 비교적 젊은 구매자들에게 노출되는 하나의 광고 툴일 뿐입니다.

유튜브 메인화면

07

용어정리

이번 장에서는 상가중개에서 필수적으로 사용하는 용어에 대해서 말씀드리겠습니다.

물건

매매나 임대의 목적으로 임대인 또는 건물주가 중개업소에 내놓았거나 내놓을 의향이 있는 부동산의 모든 종류를 부동산 관점에서는 물건이라고 합니다.

물건작업

현재 부동산중개 시장에 나오지 않는 부동산을 물건화시키기 위한 중개업소의 업무를 물건작업이라고 합니다. 기존에 나와 있는 물건에 대한 가격을 조정하는 것도 물건작업이라 말할 수 있습니다. 오프라인 물건작업과 온라인 물건작업이 있는데 오프라인 물건작업은 직접 나가서 상가의 경우 점포를 방문해서 부동산 정보를 받아오는 것을 말하며, 온라인 물건작업은 사무실에서 인터넷을 이용해 물건을 확보하는 업무를 말합니다.

광고작업

물건을 광고하는 업무를 통틀어서 광고작업이라고 합니다. 광고작업은 오프라인과 온라인으로 나누어 볼 수 있습니다. 오프라인광고는 건물이나 점포에 직접 현수막을 부착하는 방법과 일간 지역정보지에 돈을 내고 물건광고를 하는 방법 이렇게 두 가지가 대표적인 유형입니다. 온라인은 인터넷을 이용한 부동산광고를 말하며 무료광고와 유료광고로 구분됩니다.

영업(고객과의 미팅)

부동산을 물건화시키고 광고를 해서 손님 문의가 오면 계약이 되거나 안되거나 두 가지 중 하나인데 이러한 손님으로부터의 첫 번째 통화부터 계약을 위한 가부 결정을 하기까지 전체 과정을 영업이라고 표현할 수 있습니다. 영업이라고 말하는 이유는 고객이 처음 보았던 물건과 그 당시의 조건으로 계약이 될 확률보다는 다른 조건으로 (보증금과 월세 권리금 조정이 된다거나) 아니면 다른 물건으로 계약될 확률이 더 높기 때문입니다. 이러한 과정은 중개인의 개인역량에 따라 계약으로 연결이 될 수도 안될 수도 있기에 영업이라고 말씀드립니다.

팔릴만한 물건이란?(급매물)

상가중개영업에서 모든 점포는 상권과 입지가 하나같이 모두 다 다릅니다. 상권과 입지가 좋으면 좋을수록 좋은 점포이지만, 좋은 점포는 가격이 비쌉니다(보증금과 월세 권리금). 상권과 입지가 좋은데도 가격이 시세대비 저렴한 점포가 있는데 이것을 팔릴 만한 물건(급매물)이라고 합니다.

상권

사전적 용어로는 '일정한 지역을 중심으로 재화와 용역의 유통이 이루어지는 공간적 범위'라고 합니다. 상가중개영업에서는 개별 점포들의 매출과 사람들의 소비를 하나의 구역으로 단위로 묶은 형태를 상권이라고 할 수 있습니다.

상권의 종류

상권에는 대표 상권, 대학가 상권, 역세권 상권, 도로변 상권, 오피스 상권, 주5일 상권, 주7일 상권, 먹자 상권, 동네 상권, 특수 상권으로 구분해 볼 수 있습니다. 도로변 상권은 대로변 상권, 이면 상권, 가지 상권으로 구분됩니다.

대표 상권

명동 상권, 강남역 상권, 종로 상권, 가로수길 상권, 홍대 상권처럼 각 지역을 대표하는 상권을 말합니다. 위에서 언급한 상권은 서울 전

지역에서 모여드는 상권으로 각각의 상권마다 모두 특성이 다릅니다. 명동은 외국인 관광객들이 많이 오는 상권이며 홍대 상권은 서울 전지역에서 모여드는 대표 상권이면서 대학가 상권이기도 합니다. 강남역은 워낙 넓어서 지하철역 출구를 기준으로 7번, 8번 출구 삼성 본사가 있는 곳은 주5일 오피스 상권이며 1번, 2번, 3번은 대성학원과 오피스가 혼합된 상권입니다. 11번, 12번은 학원가가 많아서 20대 초 · 중반이 가장 많은 상권입니다. 9번, 10번은 20~30대가 많은 먹자, 술 상권입니다.

대학가 상권

보통 지하철 출구에서 대학교 정문까지 개별 점포의 매출과 구매력을 묶어서 대학가 상권이라고 합니다. 건대 상권, 홍대 상권, 성신여대 상권, 경희대 상권 등 모든 대학가마다 상권은 형성되어 있습니다. 대학가 상권은 방학 때는 비수기가 됩니다.

역세권 상권

지하철역을 기준으로 상권이 형성된 것을 역세권 상권이라고 합니다. 역세권도 각 지하철역의 주변이 주거 위주인지 오피스 위주인지 따라 상권의 특성이 달라집니다.

오피스 상권

사무실들이 많은 지역에 형성된 상권을 말합니다. 주변 오피스 인구들의 소비로 먹고사는 상권입니다. 점심매출이 60~70%, 저녁이 40~30% 정도 됩니다. 아침에 영업하는 곳도 있습니다. 오피스 상권은 주5일 상권입니다.

주5일 상권

보통 오피스 상권을 주5일 상권이라고 합니다. 강남 오피스 지역이 대표적인 주5일 상권이며 토요일은 평일 매출의 50% 정도, 일요일은 영업을 하지 않습니다.

주7일 상권

토요일 일요일도 매출이 나오는 상권을 말합니다. 강남역을 예를 들면 강남역 삼성 본사 쪽은 주5일 오피스 상권이지만 강남역 9번, 10번, 11번 출구는 주7일 상권입니다. 강남 영동시장상권도 대표적인 주7일 상권입니다.

먹자 상권

상가중개영업 전체 시장에서 외식업, 요식업의 비중이 70% 이상이라고 보시면 됩니다. 흔히 상권이라고 하면 먹자 상권을 말합니다. 문자 그대로 먹고 마시는 업종이 모인 곳을 먹자 상권이라고 합니다. 종각역 먹자 상권, 영동시장 먹자 상권, 건대 먹자 상권 등이 있습니다.

도로변 상권

도로를 기준으로 상권이 형성된 것을 도로변 상권이라고 합니다.

대로변 상권

큰 도로를 중심으로 양옆으로 상권이 형성된 것을 말하며 대로변은 보통 편도 4차선 왕복 8차선 이상을 뜻합니다.

이면도로 상권

이면도로는 생활도로라고도 하는데요, 대로변 도로변의 바로 다음 라인에 위치한 생활도로 상에 형성된 상권을 말합니다. 부동산에서는 보통 도로변(대로변)에서 다른 도로변으로 이어지는 첫 번째 블록으로 연결된 도로까지를 이면 상권이라 합니다. 이면 상권은 도로변 상권과 함께 상가중개영업의 물건작업을 위한 주 타깃이 됩니다.

가지 상권

첫 번째 이면도로에서 주거지역 중심지까지 연결되는 생활 도로상에 있는 점포들을 가지 상권이라고 합니다. 동네 상권과 같은 의미입니다.

동네 상권

주택가에 집 근처에 위치한 상권을 말합니다. 슈퍼마켓, 편의점, 세탁소, 식당, 철물점, 부동산 등이 있습니다. 가지상권과 비슷하지만 더 좁은 의미입니다.

특수 상권

백화점, 쇼핑몰, 대학 교내, 고속도로휴게소, 지하철 역사 내, 지하상가에 입점한 형태의 상권을 말합니다. 특수 상권은 보통 임의의 사업자가 건물 전체를 임대하고 그것을 다시 전대하거나 위탁 운영의 개념이 많으며 월세의 개념보다는 전체 월매출에서 일정량의 %로 수수료를 가져가는 형태가 보편적입니다. 주로 특수 상권을 전문으로 하는 창업컨설팅 업체에서 다루고 있습니다.

입지

사전적인 용어는 인간이 경제활동을 하기 위하여 선택하는 장소입니다. 상가중개영업에서는 각각의 점포들이 위치한 장소의 가치를 입지라고 말할 수 있습니다.

업종분류

(1) 영업증이 필요한 업종

① 허가업종 – 단란주점, 유흥주점, 성인오락실, 신용정보업, 유료직업소개소, 의약품도매상

② 등록업종 – 공인중개사사무소, 독서실, 노래방, pc방, dvd방, 청소년오락실, 약국, 의원, 학원, 안경원, 인쇄소, 여행사

③ 신고업종 - 일반음식점, 휴게음식점, 제과점, 당구장, 스크린골프장, 체육도장, 실내낚시터, 결혼상담소, 고시원, 교습소, 동물병원, 만화방, 목욕탕, 미용실, 세탁업, 숙박시설, 안마시술소, 헬스클럽, 무도장, 무도학원, 예식장, 정육점 등

(2) 영업증이 필요 없는 업종

① 자유업종 - 완제품을 판매하는 소매점 대부분의 업종, 의류점, 화정품점, 가방점, 신발점, 슈퍼, 편의점, 문구점, 휴대폰점, 낚시전문점, 조명점, 가구점, 철물점, 악세사리점, 팬시점, 서점, 자동차대리점, 볼링장, 에어로빅장, 고물상, 꽃집 등

공용면적

각층의 실제로 사용하는 면적과 (전용면적) 출입구 계단실, 비상구 계단실 등을 모두 합친 층 전체의 바닥면적을 공용면적이라고 합니다. 신축으로 구분 등기되는 구분 상가들은 주차장 면적까지 포함합니다.

전용면적

개별 층에서 실제로 사용 가능한 면적을 전용면적이라고 합니다. 예를 들면 구분 상가의 공용면적이 20평이라면 전용면적은 계단실 주차장 등을 빼면 10~15평 정도가 됩니다.

보증금

모든 부동산(주거, 비주거, 토지 등) 임대차에 있어서 장래 발생할지 모르는 임차인의 채무를 담보하기 위하여 임차인 또는 제3자가 임대인에게 교부하는 금전 기타의 유가물을 말합니다.

월세

모든 부동산 임대차 계약에서 약정 기간 동안 주기로 한 월 비용을 말합니다.

직접관리비

전기세, 수도세, 정화조 비용 등 실제 점포를 운영하면서 지불하게 되는 모든 공과금을 말합니다.

간접관리비

건물주, 임대인이 건물관리비 항목으로 받는 것을 말합니다. 건물관리비는 건물관리인력 유지비용으로 지출되거나 하자보수 등으로 사용됩니다.

권리금

현재 점포주인(임차인, 자영업자) 입장에서 자신의 점포를 부동산에 내놓을 때 받고 싶어 하는 유무형의 금원을 말합니다. 바닥권리,

시설권리, 영업권리로 구분되며 3개를 모두 합한 것을 권리금이라고 합니다.

점포주인이 권리금을 요구하는 이유는 3가지 이유로 정리해 볼 수 있습니다.
(1) 자신이 들어올 때 권리금을 주고 들어왔다. - 바닥권리, 시설권리
(2) 권리금 외 이것저것 시설비용이 들어갔다. - 시설권리
(3) 현재 장사가 잘되고 있고 그 누가 이어받아서 하더라도 월평균 순수익으로 1,000만 원 이상 가져간다(양도양수일 때만 해당). - 영업권리

권리금은 상가중개에서 중요한 용어이므로 제4장 핵심 편에서 자세히 다루기로 합니다.

바닥권리

비어있는 공실 점포라도 그 점포가 가지고 있는 개별 상권과 입지에 따른 프리미엄입니다.

동네 상권, 가지 상권이 아니라면 대체로 현재 임차인도 주고 들어왔고 전 임차인도 주고 들어왔으며 그 전전 임차인도 주고 들어왔을 확률이 매우 높습니다. 동네 상권, 가지 상권이라도 동네의 특수성에 따라서 바닥권리가 있는 곳도 있습니다. 개별 상권과 입지에 따른 프리미엄이란 점포 앞을 지나치는 유동인구가 많고 그 유동인구들이 소비로 이어지는 즉 같은 라인의 점포들이 구매력이 있는 살아있는 상권에 개별 입지가 좋은 사거리 코너에 위치해 있거나, 전면이 길

고 넓어서 가시성이 좋거나, 횡단보도가 전면에 있어서 행인들의 눈에 잘 띄거나, 출퇴근 동선이거나 이러한 위치의 가치를 말합니다. 사람으로 치면 태생적인 미남, 미녀처럼 잘생긴(상권과 입지가 훌륭한) 입지의 점포는 기본 바닥권리가 있습니다.

시설권리

점포주인이 처음 영업을 개시할 때 지출한 총시설비를 기준으로 점포를 팔 때 받고 싶어 하는 금원을 말합니다. 시설비는 5년을 내구연수로 하여 최초에 들어간 비용이 1,000만 원이라고 할 때 이것은 연간 200만 원씩 감가상각이 되고 5년 차가 되었을 때 0원이 됩니다. 만약 3년 차일 때 가게를 내놨다면 시설권리는 잔여분 400만 원이 되는 됩니다. 하지만 이것은 이론적인 이야기이며 실제 영업현장에서 자영업자들은 이렇게 받으려고 하지 않습니다. 부동산 중개업자 입장에서 이러한 방법을 얘기하면서 상가전문가의 모습을 보여주고 자영업자를 리드해야(권리를 부동산이 원하는 만큼 낮추어야) 빠른 진행이 가능합니다.

영업권리

장사가 잘되고 있어서 자영업자가 현재 점포 그대로 팔기를 원하거나 매출이 잘나오는 점포 구매를 원하는 손님이 있을 때, 또는 프랜차이즈의 경우 장사가 어느 정도 된다면 대부분은 양도양수로 진행이 됩니다. 이런 경우는 반드시 영업권리를 산정해서 계약을 진행해야 합니다. 시장에서 영업권리에 대한 기준은 불분명합니다. 우리는 상가 전문부동산으로서 손님과 점포주인 모두 합리적으로 받아들일 방법을 제시하면 됩니다.

점포의 영업이익(총매출에서 재료비, 월세, 인건비, 관리비, 누수를 뺀 이익을 영업이익이라고 합니다)에서 점포주인 인건비를 제외한 금액을 순수익이라고 한다면 순수익의 10~12개월 치를 곱한 금액을 영업권리로 산정합니다. 하지만 요즘은 불경기에 손님들도 저렴한 걸 찾는 사람이 더 많으니 결국 점포주인이 원하는 권리금에서 더욱더 낮아져야 거래할 수 있습니다.

권리인정작업

제4장 핵심 편에서 자세히 다루기로 합니다.

중개 실무

중개업을 하는데 필요한 실제 업무를 중개 실무라고 합니다. 물건 작업하는 방법, 광고하는 방법, 건축물대장열람, 등기부 등본 열람 등등

중개영업

계약을 쓰기 위한 개인의 모든 노력을 말합니다. 권리금을 낮추는 방법, 물건을 최대한 빠르게 확보하려는 방법, 손님 문의가 많이 오게 하는 광고의 방법, 고객에게서 수수료를 많이 받는 방법 등등 영업력,

개인역량이라고 말할 수 있습니다.

TA(Telephone Approach)

전화 작업을 말합니다. TA는 텔레폰 어프로치의 약자입니다. 보험사에서 사용하는 용어입니다.

부동산 역시 TA가 굉장히 중요합니다. 실제 사람을 만나는 경우를 제외하고 모든 상가중개영업은 TA라고 할 수 있습니다. 영업은 내 생각과 태도가 나의 머리에서 입으로 말로써 나오는 것이고 전화라는 매개체는 원거리에서 영업을 가능하게 해주는 것입니다. 여기서 말하는 TA는 영업의 시작이라는 의미입니다.

전속계약서

임대전속, 임차전속, 매도전속, 매수전속 4가지로 구분해 볼 수 있습니다. 선진국 부동산 시장에서는 전속계약이 활성화되어 있다고 합니다. 우리나라는 아직 전속계약이 활성화되어 있지 않습니다. 문자 그대로 중개인에게 전속으로 임대, 임차, 매도, 매수에 관한 권한을 위임하는 것입니다. 상가임대에서 전속은 큰 의미가 없습니다. 전속 깨는 게 너무 쉽기 때문입니다. 전속계약이 유효한 것은 사무실 임대나 빌딩 토지매매입니다. 손님 쪽 전속은 (임차 매수) 상가도 유효합니다.

빌딩 타기

빌딩 꼭대기 층에서 1층까지 각 사무실을 다니면서 명함이나 전단지 돌리는 것을 말합니다. 영업조직에서 사용하는 전통적인 영업방식입니다. 부동산에 적용한다면 사무실을 전문으로 할 때 의미가 있습니다. 하지만 사무실 전문부동산이라고 하더라도 이렇게까지 하는 곳은 거의 없습니다.

돌입방문

상가중개영업에서 각각의 점포를 돌아다니면서 명함 작업하는 것을 말합니다. 이 용어도 보험사에서 사용하는 용어입니다. 독자의 중개업소가 1층이고 지역 내에서 자리를 잡기를 원한다면 반드시 해야 합니다.

세금계산서 발행

사무실 임대건의 경우 임차인과 손님 모두 사업자나 법인이기 때문에 세금계산서를 100% 요구합니다(소규모 개인사업자는 요구 안 할 수도 있음). 매매건 역시 부동산거래신고가 되기에 중개 보수가 노출됩니다. 세금계산서 발행은 국세청 홈택스에서 직접 하거나 세무사에게 맡기면 됩니다. 세무사 비용은 월평균 6~7만 원 정도인 걸로 알고 있습니다. 1인 창업이고 매출이 많지 않다면 직접 하시는 걸 추천합니다.

부가세신고

분기마다, 또는 1년에 두 번 부가세신고를 합니다. 국세청 홈택스에서 직접 하시거나 세무사에게 맡기면 됩니다.

중개 보수

부동산중개를 하고 받는 보수를 말합니다. 중개수수료에서 중개 보수로 바뀐 거로 알고 있습니다. 개인적인 생각으로는 부동산 무자격자들이 컨설팅형식으로 돈을 받았던 과거의 안 좋은 관행들로 인하여 사람들에 대한 불신 때문에 바꾼 게 아닌가 생각이 듭니다. 중개 보수는 중개보수청구권으로 법적인 보호를 받으며 어감도 중개수수료보다는 중개 보수가 더 좋아 보입니다.

컨설팅 수수료

상가중개에서 권리금 계약이나, 토지 빌딩매매 시 인정작업을 통해서 중개 보수를 초과하여 받을 때 중개 보수 초과분에 대하여는 컨설팅 계약으로 수수료를 받는 것으로 알고 있습니다. 일반적인 중개역할 외에 계약을 위한 특별한 업무를 수행한 증거 자료는 준비되어 있어야 합니다.

08

업종별
특성정리

시설 업종

(1) 종류 – 노래방, pc방, 스크린골프, 당구장

(2) 업종의 특성 – 남성들의 소비가 주를 이루며 요식업, 주류업 소비 이후 2차, 3차 구매로 소비가 이루어집니다. 10대들이 많은 학원가나 아파트 상권에 위치한 pc방의 경우는 10시 이후면 매출이 급하락합니다.

(3) 상권과 입지가 매출에 미치는 영향력의 정도 – '상중하'로 따지면 '중'입니다.

(4) 구매(소비)의 방식 – 구매 목적이 뚜렷하며 대체 업종이 없어서 고객이 구매를 위해서 직접 찾아가는 형태입니다.

(5) 임차인의 특성 – 시설을 이용한 공간임대형식입니다. 보통 시간 단위로 매출이 일어나는 구조라서 계산적인 성향이 강합니다.

노래방은 시설 업종의 특성 + 간이 주류업으로 생각하시면 됩니다. 밤 영업하는 특성상(밤 영업을 벗어나고 싶어 함) 권리금 인하가 다른 업종보다 쉽습니다.

(6) 요구하는 권리금이 적정한지의 판단 기준?

시설권리, 영업권리, 바닥권리로 나누어서 판단합니다. 현재 시설을 중고로 판매할 때 받을 수 있는 금액을 시설권리로 책정하고 10개월간 월평균 순수익을 영업권리로 책정합니다. 만약 월평균 순수익이 인건비 수준밖에 안 나온다면 영업권리는 없는 거로 계산하셔야 합니다. 왜냐하면, 신규창업하는 사람 입장에서 인건비 수준밖에 안 나오는 점포를 시설권리 + 알파(영업권리)의 돈을 주고 즉 제값을 다 주고 인수할 마음이 없기 때문입니다. 앞에 말씀드린 대로 금액적인 메리트가 있어야 거래됩니다. 1층이고 상권이 형성된 경우 바닥권리를 책정합니다.

서비스업종

(1) 종류 – 부동산중개소, 미용실, 마사지, 네일, 피부미용, 세차장, 카센터 등
(2) 업종의 특성 – 소자본 창업이 가능하여 경쟁점이 많고 경쟁이 치열합니다. 동네 상권(가지 상권)에도 입점 가능합니다.
(3) 상권과 입지가 매출에 미치는 영향력의 정도 – 소자본 창업이 가능하며 진입장벽이 낮습니다. 상권과 입지에 대한 영향력이 '상'입니다.

(4) 구매(소비)의 방식 – 구매의 목적이 뚜렷하고 고객이 서비스를 받기 위해 찾아가는 형태입니다. 대체 업종은 없지만, 경쟁점이 많이 있습니다.

(5) 임차인의 특성 – 사람의 노동에 대한 대가를 지불하는 업종으로 단골손님 장사입니다. 여성 관련된 업종이 많아서 여성 임차인들이 대부분이고 근거리 배후주민이나 근거리 오피스 인구 등을 상대로 영업하는 형태입니다. 부동산중개업소나, 세차장 카센터의 경우는 직거래가 많은 편이고 손님들이 빠꼼이가 많아서 우리가 업종을 전문으로 하기에는 효용성이 떨어진다고 생각합니다.

(6) 요구하는 권리금이 적정한지의 판단 기준?
시설 업종과 동일합니다.

휴게 음식, 외식, 주류업종

(1) 종류 – 휴게 음식은 커피, 카페, 치킨, 피자, 제과점, 패스트푸드, 떡볶이 등, 외식은 한식당, 중식당, 고깃집, 분식, 일식, 레스토랑, 횟집, 스파게티, 돈가스 등, 주류업종은 호프, 바로 구분해 볼 수 있습니다.

(2) 업종의 특성 – 우리나라 자영업의 70%를 차지한다고 보시면 됩니다. 가장 창업하기 쉽고 쉽게 망하는 업종입니다. 평균 요식업 자영업자의 수명은 3년 정도로 보시면 됩니다. 초기 창업해서 장사가 잘되면 반드시 2~3년 차에 유사업종 경쟁업종이 들어옵니다. 경쟁이 치열합니다.

(3) 상권과 입지가 매출에 미치는 영향력의 정도 – 소자본 창업부터 고급 대형 음식점까지 모든 요식업(휴게 음식, 외식, 주류)은 상권형성과 입지는 매출에 아주 중요한 영향력을 끼칩니다. 영향력은 '상'입니다.

(4) 구매(소비)의 방식 – 휴게 음식, 분식과 같은 일반적이고 보편적인 음식은 편의성 목적 위주의 소비가 이루어지고, 객 단가가 있는 외식을 위한 업종은 먹기 위해서 찾아가는 목적형 소비형태입니다. 주류업종도 술을 마시기 위한 목적형 소비형태입니다. 외식과 주류가 혼합된 일반음식점의 경우는 경쟁업종과 유사업종이 많고 객 단가도 높은 고급 콘셉트도 있어서 편의성 위주 소비와 목적형 소비가 혼합된 경우입니다.

(5) 임차인의 특성 – 한정된 상권과 입지에서 경쟁이 치열하다 보니 계산과 판단이 빠른 편입니다. 성격이 급한 사람이 많아서 권리금 조정을 많이 해주는 경우가 꽤 있는 편입니다.

(6) 요구하는 권리금이 적정한지의 판단 기준?
바닥권리, 영업권리, 시설권리로 나누어서 판단합니다. 업종 변경인 경우, 바닥권리, 영업권리(최근 1년 순수익에서 임차인의 인건비를 뺀 금액을 영업권리로 적용) 시설권리(협의하에 적용되는 것만 계산) 양도양수인 경우, 바닥권리, 영업권리 시설권리(5년 내구연수 감가상각 적용) 모두 적용

판매업종

(1) 종류 – 의류, 휴대폰, 마트, 문구점, 액세서리 등

(2) 업종의 특성 – 업종마다 특징이 모두 다릅니다.

의류업, 액세서리 업종은 매출과 브랜드 홍보의 목적으로 입점합니다. 글로벌 브랜드나 빅 브랜드는 대형 상권에 입점하며 프랜차이즈형 브랜드는 지역 내 유동인구가 가장 많은 상권과 입지에 입점합니다(파리바게뜨 인근). 브랜드가 아닌 개인 의류매장, 휴대폰매장은 동네에서 유동인구가 가장 많은 사거리 코너 출퇴근 동선 횡단보도 앞 대로변, 도로변에 입점합니다.

편의점, 개인 마트는 유동인구가 많은 곳보다는 출퇴근 동선 또는 배후세대가 많은 가지 상권, 동네 상권 사거리 코너와 같은 곳 위주로 입점합니다. 대형 마트는 주로 지역에 있는 거점 은행 주변에 위치합니다. 문구점은 학교 정문 동선상에 위치하거나 오피스 상권 대로변에 위치합니다.

(3) 상권과 입지에 따른 매출 영향력 – '상'

(4) 구매 소비의 방식 – 구매를 위해 점포를 찾아가는 것이 아닌 편의성 위주의 구매 방식입니다(가깝고 편리하고 익숙한 곳에서 구매하는 방식, 유동인구가 많으면 많을수록 구매의 확률이 올라가는 계산법을 적용합니다).

(5) 임차인의 특성 – 본사나 도매상으로부터 물품을 구매하고 소매상으로서의 물품을 판매하는 중간상의 위치를 가집니다.

(6) 요구하는 권리금이 적정한지의 판단 기준?

양도양수를 할 때 기존 물품을 인수하고 안 하고의 차이에 따라 금액 변동이 있습니다.

업종 변경의 경우는 바닥권리, 영업권리, 시설권리를 구분하여 적용합니다.

기타업종 – 업종전문가로서 특화하여 영업하고 있습니다.

(1) 종류 – 병원, 약국, 모텔, 펜션, 사우나, 주유소, 예식장, 볼링장 등
(2) 업종의 특성 – 금액의 단위가 큽니다. 건수가 별로 없고 입점이 가능한 지역도 제한적입니다.
(3) 상권과 입지에 따른 매출 영향력 – 구매를 위해 찾아오는 업종입니다.
(4) 구매 소비의 방식 – 목적형 소비형태입니다.
(5) 임차인의 특성 – 금액 단위가 크고 직원들도 많아서 경영자 마인드를 지니고 있습니다.
(6) 요구하는 권리금이 적정한지의 판단 기준?
    업종마다 특수성을 가집니다. 병원이나 약국은 처방전을 기준으로 하며, 모텔 펜션은 매출액(룸의 개수와 가동률)을 기준으로 하고, 사우나 주유소는 매출액을 기준으로 합니다. 보통 권리금에 대한 접근은 바닥권리, 시설권리로 따져서 진행하시면 됩니다. 노래방과 pc방은 별도로 설명합니다.

노래방

노래방은 일반노래방과 도우미 노래방으로 구분됩니다. 일반노래방은 도우미 없이 순수하게 노래를 부르는 곳이고 도우미 노래방은 술과 함께 도우미 업자와 연계해서 영업하는 형태를 말합니다. 현재 모든 노래방에서 80% 정도는 도우미 노래방이라고 보시면 됩니다.

필수 체크 사항

(1) 업소의 종류 1종, 2종, 3종(일반)인지?

1종은 접대부를 고용하고 술을 팔 수 있습니다. 2종은 접대부고용은 안 되지만 술을 판매할 수 있습니다. 3종은 노래연습장으로 접대부고용도 안 되고 술도 판매하지 못합니다.

(2) 룸 개수 - 노래방을 운영해봤던 사람들은 룸의 개수로 매출을 가늠합니다.

(3) 행정처분 여부 - 행정처분을 받았다면 권리금이 할인되어 거래됩니다.

(4) 매출 - 현금을 1순위로 받고 그게 아니라면 2순위 노래방 카드기기 3순위 업자 카드기기(타사업자 카드기기)가 있습니다. 보통 소득 노출을 최소화하기 위해서 노래방 카드기기로 월 600~700 정도로 만들고 나머지는 업자 카드기기로 월 600~700 정도로 매출을 끊습니다.

업자 카드기기는 보통 매출의 10% 정도 수수료를 줍니다.

pc방

pc방 거래에서 권리금은 현재 pc를 중고 업자에게 판매할 때 받을 수 있는 금액 즉 시설권리를 얘기합니다. 영업권리는 현재 점포를 양도양수를 할 때 의미가 있는 것입니다. 보통 pc방을 내놓을 때는 아주 특별한 이유가 없다면 보통은 주변에 경쟁업체가 사양 업그레이드를 한다거나 신규 pc방이 들어와서 우리 쪽 손님이 그쪽으로 빠졌을 때 내 점포의 총 업그레이드 비용과 그 이후 나에게 발생 가능한 순소득 그리고 다음 업그레이드 주기까지의 기간별 총소득을 계산하고 현재 점포를 양도양수를 할 때 받을 수 있는 적정권리금 또는 만기가 얼마 남지 않았다면 현재 시점에서 pc를 중고로 팔고 나갈 때 내가 받을 수 있는 금액 등 이러한 전후 사정들을 고려하여 내놓는다고 보시면 됩니다.

pc방 사업자들은 1시간 단위(원 단위) 장사라서 굉장히 계산적입니다. 이유 없는 권리금 인하요청은 잘 먹히지 않습니다. 또한, pc방 관련 커뮤니티가 활성화되어 있어서 직거래가 많은 편입니다.

09

업종별 상권분석

휴게 음식, 외식, 주류업종

현재 발생하는 매출이 얼마인지 파악합니다. 그리고 매출이 발생하는 이유를 파악합니다. 가령 해당 점포에서 일 매출 150~200만 원이 꾸준히 나온다면 왜 사람들이 이곳으로 와서 소비할까를 생각해보셔야 합니다. 점포가 위치한 지역의 배후거주 인구와 주변의 사무실 인구 및 자영업자는 지역 내에서 소비합니다. 이들이 외식하고 회식을 하고 술을 먹는 곳이 어디인지 파악을 합니다(점포가 속한 상권과 경쟁(대체)상권을 파악). 그리고 경쟁업종과 유사업종을 파악합니다. 이렇게 매출부터 시작해서 상권과 업종까지 파악하면 왜 이러한 매출이 나오는지 파악할 수 있습니다.

그럼 이러한 조건을 손님이 원하는 업종으로 대입해서 살펴봅니다. 해당 점포의 배후거주 인구와 주변의 사무실 인구 및 자영업자 소비력은 동일합니다. 그럼 두 가지를 체크하시면 됩니다. 손님이 원하는 업종을 해당 점포에 입혔을 때 잘 어울리는지와 경쟁업종과 유사업종의 매출을 체크하면 됩니다. 경쟁업종, 유사업종보다 해당 점포의 입지가 더 좋고 월세와 같은 조건이 더 좋다면 승산이 있습니다. 만약 경쟁업종, 유사업종이 없다면 가장 가까운 곳에 있는 경쟁업종, 유사업종의 매출을 확인해 보시고 그곳보다 상권과 입지가 좋은지 나쁜지를 판단해서 들어가면 됩니다.

시설 업종

노래방, pc방, 스크린골프, 당구장 등을 시설 업종으로 부릅니다. pc방은 아파트 상권과 유흥상권 두 개로 나누어 볼 수 있습니다. 아파트 상권은 밤 10시 이후에는 손님이 뜸하고, 유흥상권은 24시 영업할 수 있습니다. 노래방, 스크린골프, 당구장은 외식 주류업종에서 소비하고 난 후 2차, 3차로 소비하는 형태입니다. 따라서 상권이 활성화된 지역에서 최대한 가까운 곳으로 임대료가 저렴한 지하나 2층 이상으로 입점합니다. 경쟁점이 많아서 개별 입지에 따라 승패가 결정됩니다. 직접 발품을 팔면서 상권을 확인하셔야 합니다.

서비스업종

부동산 중개업소, 미용실 마사지, 네일, 피부 미용, 세차장, 카센터 등이 있습니다. 서비스업종은 기본적으로 유동인구가 많은 지역으로 하되, 광고효과가 좋은 대로변, 도로변, 횡단보도 근거리에 입점하는 편이며 여성 관련된 업종이 대부분이면서 가지 상권, 동네 상권에도 입점이 되는 생활밀착형 업종으로 구분할 수 있습니다. 부동산 중개업소의 경우는 주택이 모든 부동산의 80% 이상을 차지하고 있고 동네마다 입지가 좋은 곳은(주민들의 출퇴근 동선 및 코너 자리) 부동산으로 영업하는 것을 보실 수 있습니다. 미용 마사지, 네일, 피부미용은 여성 매출 의존도가 매우 높기에 여성 비율이 높은 지역에 밀집되어 있습니다. 또한, 세상의 반은 여성이기에 각 지역에서 입지가 좋은 곳은 여성 관련 서비스업이 들어가 있는 걸 보실 수 있습니다. 세차장이나 카센터와 같은 자동차 관련 업종은 구청에서 일정한 조건을 충족해야 허가를 내주는 업종입니다(카센터 1급, 2급은 허가제, 3급은 신고제). 기존에 나와 있는 물건 위주로 양도양수를 하는 게 더 합리적인 거래 방식입니다.

판매업종

방문객 대비하여 매출이 발생하는 구조로 유동인구가 많은 곳에 입점합니다. 반면 문구점이나 액세서리는 학교 등하교 길목에 있기도 합니다. 대형 마트는 각 지역에서 은행 근처에 입점하며, 중형 마트나 편의점은 파리바게뜨나 휴대폰 대리점 주변에 입점하기도 합니다.

그 외

병원 약국은 각 지역의 중심 입지에 입점합니다. 주로 지하철역 초입, 대로변, 도로변에 입점합니다. 모텔은 유흥상권 주변, 모여 있는 상권(방이동 모텔 골목) 대로변, 도로변 외곽에 입점합니다. 차를 타고 오기 때문에 주차가 중요합니다. 펜션, 볼링장, 사우나, 주유소는 양도양수로 진행하시면 됩니다. 볼링장, 사우나, 주유소는 손님도 별로 없고 면적이 일정기준 이상이어야 합니다.

10

업무에 사용되는
사이트 소개

앞서 중개업을 하는 데 컴퓨터의 활용은 필수라고 말씀을 드렸습니다. 이제는 인터넷을 이용한 중개업의 활용에 대해서 알려드리겠습니다. 인터넷은 현재 우리 사람이 생활하는 데 필수적인 존재가 되었습니다. 오프라인 온라인이라는 단어가 생겼고요, 온라인은 어떤 목적을 달성하기 위해 인터넷을 활용한 모든 행동을 지칭합니다. 그 외 나머지 실제로 어떠한 목적을 달성하기 위한 행위는 모두 오프라인이라고 합니다. 부동산중개업도 법률적인 행정절차부터 실제 업무까지 모두 인터넷을 기반으로 이루어집니다. 그럼 대표적인 인터넷 사이트를 소개하겠습니다.

(1) 서울부동산정보광장(경기도 부동산 포털 등 각 지자체 부동산 포털)
(2) 토지이용규제정보서비스

(3) 인터넷등기소

(4) 민원24 – 토지대장

(5) 세움터, 정부24 – 건축물대장

(6) 네이버 부동산 – 부동산광고

(7) 공실 클럽 – 서울 일부 지역으로 한정

(8) 공실 닷컴 – 서울 일부 지역으로 한정

(1) 서울부동산정보광장(http://land.seoul.go.kr/land)

상가중개를 할 때 건축물대장을 많이 보게 되는데요, 건축물대장을 가장 빨리 볼 수 있어서 이용하곤 합니다. 건축물대장을 확인하는 이유는 두 가지 이유입니다. 첫 번째는 정확한 면적 확인입니다. 임차인이나 건물주가 말한 면적이 공부상 면적과 다른 경우가 많으므로 고객에게 정확한 면적을 알려줘야 하기 때문입니다. 두 번째는 위반건축물 여부입니다. 계약 쓰기 직전에 해당 점포가 위반건축물인지 아닌지를 확인 후 정확히 안내하기 위함입니다.

건축물대장을 가장 빨리 확인하는 방법은 1. 서울부동산정보광장 2. 세움터 3. 정부24입니다.

서울부동산정보광장은 가장 빠르게 보기 위해 이용하는 경우이며 계약서 쓰기 전에는 세움터나 정부24를 이용해야 합니다. 서울부동산정보광장은 편의상 보는 것이 목적이며 정부가 공적인 목적으로 제공하는 사이트가 아니기 때문입니다. 그 외 과거 공시지가를 빠르게 조회한다거나 할 때 유용하게 사용할 수 있습니다. 부동산 매매와 관련된 정보, 부동산중개업 정보 등 유용한 정보가 많이 많습니다.

건축물대장을 확인하는 방법

- 홈페이지 상단 가장 왼쪽 부동산종합정보로 마우스 이동 후 부동산종합정보 클릭
- 종합정보란에 지번, 자치구, 동, 호 순으로 기재 후 검색
- 왼쪽 세 번째 건축물 정보 클릭
- 필요한 정보 보기

* 개별등기 때문에 각각의 호별로 소유주가 다른 경우에도 빠르게 확인할 수 있습니다. 다만 소유자에 대한 정보는 세움터나 정부24에서 확인 가능합니다.

서울부동산정보광장과 같은 사이트가 지자체별로 있는데 이름은 모두 다릅니다. 경기도의 경우는 경기도 부동산 포털이라고 합니다.

(2) 토지이용규제정보서비스(http://luris.molit.go.kr)

토지이용계획확인원을 출력하거나 건폐율 용적률을 확인하기 위해 이용하는 사이트입니다. 토지이용계획확인원은 계약서를 작성할 때 고객에게 주어야 하는 필수 서류입니다. 그 외 필수 서류는 계약서, 확인설명서, 건축물대장, 등기부 등본, 보증보험증서가 있습니다.

(3) 인터넷등기소(http://www.iros.go.kr)

인터넷등기소는 등기사항증명서 열람을 하기 위해 사용하는 사이트입니다. 오프라인으로 등기소가 있다면 등기소의 온라인 버전이라고 생각하시면 됩니다. 등기부 열람은 소유자를 확인하거나 근저당권 등 소유권 이외의 권리 사항을 확인하기 위해서 이용합니다. 즉계약서를 쓰기 전에 고객에게 등기사항증명서에 기재된 정보를 제공하는 역할을 합니다. 부동산중개업을 하면서 소유자를 확인하는 작업은 매우 중요한 의미를 지닙니다.

(4) 정부24(http://www.gov.kr/portal/minwon)

건축물대장 토지대장을 확인하기 위해서 이용합니다. 그 외 주민등록등본을 출력하거나 전입신고 등 여러 가지 구청 민원과 관련된 업무로 이용하게 됩니다.

(5) 세움터(https://www.eais.go.kr)

건축물대장을 열람하기 위해서 이용합니다. 정부24의 경우는 건축물대장을 열람하는 데 시간이 매우 오래 걸립니다. 그리고 구분등기가 되어있다면 각각의 호별로 입력해야 하므로 사실상 업무 효율 측면에서 볼 때 매우 비생산적입니다. 하지만 세움터는 한 화면에서 호별로 입력을 바꿔가면서 볼 수 있고 빠른 열람이 가능합니다. 하지만 단점도 있습니다. 열람 페이지에서만 마우스 커서가 움직이기 때문에 열람과 동시에 컴퓨터로 다른 문서작업을 할 수 없습니다. 즉 열람에 필요한 소유자 이름과 주소 또는 면적을 기재하려면 직접 수기로 작성을 하거나 아니면 반드시 출력해야 합니다.

PART
03

상가중개영업
실전 편

01
물건작업을
하는 과정

물건확보를 해야 광고를 할 수 있고, 광고해야 손님을 붙일 수 있습니다. 많은 물건을 짧은 시간에 최대한 많이 확보하는 게 중요합니다. 그래서 온라인으로 물건작업을 하는 것입니다. 하루에도 엄청난 양의 물건이 온라인을 통해 올라옵니다. 1년이라는 시간이 지나고 나면 반 이상은 반드시 거래됩니다. 핵심은 온라인에 물건을 내놓은 사람은 점포를 팔기 위해 내놓은 거라는 겁니다. 본인이 할 역할이 무엇인지 파악하셨죠? 물건은 DB를 따로 만들어서 관리해야 합니다. 물건관리의 목적은 권리금 조정이며 팔릴만한 물건으로 만들 때 비로소 계약할 수 있습니다. 처음에는 물건과 상권도 볼 겸, 한 번쯤은 방문하는 것을 추천합니다. 그다음에는 전화 작업을 하셔야 합니다.

오프라인 물건작업

(1) 사무실 주변

사무실 주변은 직접 발로 뛰면서 명함 돌리기를 해야 합니다. 1인 창업이며, 입지가 그렇게 좋지 않아도 가장 가까운 상권이 형성된 곳은 반드시 내 지역 상권으로 만들어야 합니다. 예를 들어 점포 1,000개의 DB를 내가 만들었다고 가정하면 여기서 1년에 10개 정도는 내가 계약한다고 목표를 정하고 DB를 만들 것. 1,000개 정도는 만들어야 합니다(DB 만드는 방법은 네이버 카페에 공개). 참고로 1층 부동산 초보 창업이라면 월세 80만 원(관리비 포함) 이하로 추천합니다. 주택 전·월세를 기본으로 깔고, 상가 위주로 영업, 아파트가 있다면, 직접 전단지를 제작하여 배포하고, DM 발송, 블로그는 아파트 지역 위주로 콘셉트 잡아서 지속업데이트, 학군, 아파트 가격 동향을 하시면 됩니다(주거는 전담직원에게 맡기면 됩니다).

(2) 업종선택(온라인, 오프라인 모두 가능)

상가 전문부동산이라면, 사무실 주변도 해야 하지만, 업종 하나를 선택해서 하는 것을 추천합니다. 선택과 집중이라는 측면에서 하나의 업종에 대한 물건이 500개가 있고 이것을 보기 좋게 잘 포장해서 광고하고 있고 고객이 이것을 봤을 때 어떠한 생각이 들까요? 상가 전문부동산으로서 롱런을 원하신다면 지역전문가와 업종전문가 두 가지를 함께하셔야 합니다. 다만 관리형 사장과 영업형 사장이라는 측면이 있는데요, 관리형 사장의 경우라도 최소한 상가중개로 어느 정도 계약을 써봐야 직원교육 관리도 할 수 있을 겁니다.

(3) 역세권

강남 상권, 홍대 상권과 같이 대형 상권이 아닌 경우라도, 상권이 형성돼있고, 꾸준한 수요가 있고, 프랜차이즈에서도 거점마다 가맹점이 입점하기 때문에 꾸준하게 역세권(지하철 출입구에서 도보 5분 이내)을 대상으로 물건작업을 해야 합니다.

온라인 물건작업

(1) 인터넷커뮤니티

① 네이버 카페(두꺼비 하우스, 중고나라, 피터 팬의 창업커뮤니티, 창업 나라)
② 깔세 나라, 깔세 천국(깔세가 주목적이지만, 임대물건도 나오며, 소형평수 위주입니다)
③ 그 외 기타, 여러분이 찾아보세요.

(2) 다음 지도

로드뷰를 통한 TA 작업

(3) 생활 정보 신문

현재 자영업자가 직접 돈을 내고 광고를 한다는 의미는 정말 팔고 싶다는 의미입니다.

물건 다듬기

물건 100개가 모였을 때 1개의 계약이 나온다. 온라인으로 물건확보가 안 되던 2000년 중반까지의 상가 전문부동산을 하시던 선배님들의 얘기입니다(경험에 의한 말이며, 통계학 측면으로 봐도 맞는 말입니다). 이 말은 100개 중의 1개가 급매물이라는 말입니다. 나머지 99개는 아직 팔릴만한 물건이 아니라는 얘기입니다.

자영업의 평균 수명은 3년입니다. 장사가 잘되면 창업 1년이 안 돼서 경쟁업체 유사업체는 반드시 들어옵니다. 보통 초보 창업자가 장인정신이나 맛에 대한(요식업이 가장 많아서 기준으로 제시) 기술이 없다면 3년을 넘기기 어렵습니다. 또한, 음식에도 유행이라는 게 있어서, 유행이 지나면 그 유행했던 업종은 모두 다른 유행하는 업종으로 바뀝니다.

우리 부동산중개인은 자영업자와 공생 관계입니다. 우리 상가중개인은 항상 자영업자의 동태를 살피고, 가게에 마음이 떠나기 직전에 반드시 나와 대화를 나눠야 합니다(급매물로 떨어지기 바로 직전, 가게를 던지는 경우). 물건 다듬기는 권리금을 얘기합니다. 상권과 입지는 내가 바꿀 수 없습니다. 상권과 입지가 좋은데, 가격이 권리금이 시세보다 떨어지면 급매물입니다. 상권과 입지가 좋은 곳에서, 시세보다 많이 다운된 점포는 한 달이 안 돼서 계약됩니다. 이러한 손님들의 연락처는 다른 사람이 아닌 내가 가지고 있어야겠죠?

그럼 물건 다듬기는 어떻게 하는 건가?

통화를 자주 하면 됩니다. 손님도 없는데, 통화하기 좀 어렵죠? 그럼 문자를 보내는 것도 방법입니다. 자주 찾아가서 얼굴 보고 대화하는 게 가장 좋은데, 저도 그렇게까지 해본 적은 없습니다. 저 같은 경우는 얼굴을 본 적이 없더라도 물건작업과 권리금을 훅 깎을 수 있습니다. 이건 내공이 필요합니다. 우선 물건작업부터 한 다음 광고, 통화 순으로 꾸준한 노력이 필요합니다.

02

물건작업을
최적화하는 요령

물건작업을 하는 이유는 계약하기 위함입니다. 물건작업이 선행되어야 광고를 할 수 있고 광고를 해야 손님에게서 문의 전화가 오게 됩니다. 그럼 우리 부동산중개업자는 물건작업을 어떻게 해야 가장 효율적이고 체계적으로 할 수 있을까요?

정답은 없습니다. 다만 제가 시행착오를 하면서 내린 결론은 3가지를 병행하는 것입니다. 아래 3가지의 방식을 반복 지속해서 꾸준히 하셔야 합니다.

(1) 사무실 주변
(2) 역세권 물건작업
(3) 업종선택

(1) 사무실 주변(지역 부동산)

내 사무실 주변을 중심으로 물건작업 하는 것을 말합니다. 똥개도 자기 집에서는 큰소리치면 반은 먹고 들어간다는 재미있는 말이 있습니다. 이런 말처럼 나의 사무실 주변에서는 내 지역이라는 생각과 함께 임차인 입장에서도 기본적인 신뢰를 깔고 들어간다고 생각하시면 됩니다(참고로 보통 임차인들은 자신의 점포가 은밀하게 거래되기를 바라는 심리가 있는데, 그 이유는 장사하고 있어서 가게를 내놨다는 소문이 나면 현재 매출에 문제가 생길 수 있고 자신의 소득 그리고 권리금 하락으로 이어질 수 있기 때문입니다. 상권이 활성화되어있는 지역일수록 이러한 성향은 더욱 짙어집니다). 그럼 범위를 어떻게 정해야 할까요? 내 사무실을 중심으로 반경 1km 이내까지의 모든 점포를 대상으로 할 수 있습니다. 왜 반경 1km냐? 일반 성인 남성의 보통걸음으로 15분이면 갈 수 있는 거리가 1km입니다. 손님이 오면 차로 5분 이내 거리입니다. 물건이 나오면 광고를 할 것이고 광고를 네이버 부동산, 블로그, 인터넷커뮤니티에 할 텐데, 한 지역의 물건을 지속해서 광고하면 두 가지 효과가 있습니다.

① 지역임차인들이 인터넷으로 검색하다가 지역 점포 물건을 광고하는 나를 보고 물건을 내놓을 확률이 높아집니다. 실제로 이렇게 지역임차인들에게서 물건의뢰가 종종 들어옵니다.
② 한정된 지역에서 물건을 찾는 손님들 역시 지역 내 물건이 많은 나에게 의뢰를 할 확률이 높아집니다. 지역 부동산으로서 사무실 주변의 물건작업을 할 때는 당연히 물건장부를 엑셀로 따로

만들어 두셔야 합니다.

(2) 역세권 물건작업

왜 역세권 별로 물건작업을 해야 하는가? 물건작업이 쉽고 수요가 많으며 기본적인 월세 또한 어느 정도 있어서 소득 면과 효율성 등 여러 가지 이유를 따져 볼 때 좋은 시장입니다.

① 물건작업이 쉽다

역세권의 경우(2호선 라인을 제외한 나머지 B급 이하의 역세권) 동네 상권의 업그레이드 버전이라고 생각하시면 됩니다. 확률적으로 임차인이 직접 운영하는 점포가 대부분입니다. 임차인을 언제든지 만날 수 있으니 명함작업도 쉽고, 물건작업이 비교적 수월합니다.

② 수요가 많다

역세권의 경우 지역 배후세대 주민들의 출퇴근 동선을 바탕으로 이루어진 상권입니다. 지역 내 필수업종으로 이루어져 있으며 항아리 상권이라고 하죠. 개인에 대한 수요도 꾸준히 있고 프랜차이즈 입장에서도 지역 상권마다 입점할 수 있기에 프랜차이즈에 대한 수요가 꾸준합니다.

③ 기본적인 월세가 높다

상가의 경우는 보통 권리인정작업을 통해서 계약이 이루어지지만, 월세가 높거나 프랜차이즈를 통해서 하면 법정 중개 보수로 진행을 해야 하는 경우도 빈번하게 발생합니다. 이럴 경우, 기본적인 월세가 있어서 중개 보수 또한 나쁘지 않게 받아갈 수 있습니다.

④ A급 역세권, 대표 상권, 핫플레이스 상권은 왜 언급하지 않는가?
권리금이 많거나 월세가 높은 대형 점포들은 자신들의 점포를 내놓은 걸 오픈하길 꺼립니다. 보통 이런 물건들은 지역 부동산을 통해서 소리 소문없이 로드 손님을 통해서 통해서 계약이 이루어집니다.
물건작업도 쉽지 않고(임차인 만나기가 쉽지 않음) 지역 부동산이라는 강력한 경쟁자도 있기에 언급하지 않았습니다.

(3) 업종선택

하나의 업종을 정해서 그 업종에 대한 물건을 확보하는 것을 말합니다. 이건 어떠한 의미가 있을까요? 부동산 입장과 고객 입장 두 가지 측면에서 말씀드리겠습니다.

① 부동산 입장
지역전문가, 업종전문가 그리고 프랜차이즈와 개인 고객들을 대상으로 하는 역세권 전문을 통틀어서 상가 전문부동산이라고 말할 수 있습니다. 반경 1km 명함작업은 마음만 먹으면 1주일이면 끝낼 수 있으며, 1주일에 2개의 역세권 물건작업을 목표로 한다면 3개월이면 24개의 역세권 물건작업이 끝나게 됩니다. 3차 월 이후로는 업종을 선택해서 중장기적으로 물건을 확보하고 광고를 하면서 업종전문 부동산의 이미지를 구축하는 것입니다. 업종에 대한 선택은 3차 월까지

여러 명의 개인 법인 손님을 상대하면서 자신에게 맞는 업종이 무엇인지 선택해서 진행하면 됩니다.

② 고객이 보는 업종전문 부동산

부동산 시장에서 상가를 전문으로 하는 부동산은 그렇게 많지 않습니다. 블로그를 상가 전문으로 활성화해서 하는 사람도 역시 많지 않습니다.

내 블로그에 지역 물건과 업종물건 그리고 역세권 별로 다량의 물건을 광고한다고 가정해 보겠습니다. 고객들은 업종을 정하고 움직이는데 다량의 동일업종 물건이 많은 블로그나 광고에 관심을 두고 물건을 볼 것입니다. 내가 원하는 업종에 대한 물건이 많으니 연락올 확률이 높습니다. 업종전문은 물건이 쌓이면 효과를 보게 됩니다. 반드시 하는 것을 추천합니다. 참고로 물건작업이 대단히 쉽습니다.

03
TA 물건작업의 3가지 방법

물건확보에는 내가 직접 발로 뛰는 방법이 있고 전화를 해서 물건을 확보하는 방법이 있습니다. TA는 (Telephone Approach)의 약자입니다. 전화 작업을 말합니다. TA는 현대영업에서 영업의 시작이라고 말할 수 있습니다. 상가중개도 중수 이상이 되면 영업의 시작과 끝은 항상 전화 작업이 있기에 정말 대단히 중요합니다. 그럼 전화 작업을 어떻게 해야 하는가?

초보자의 경우는 발로 뛰는 물건작업을 먼저 해야 합니다. 왜냐하면, 기본적인 상권과 입지를 볼 줄 알아야 하기 때문입니다. 상권과 입지를 볼 줄 알아야 고객과의 미팅이 가능합니다. 전화 작업은 어느 정도의 내공이 쌓인 후에 본격적으로 하면 됩니다. 초보가 아닌 영업 쪽에 경험이 있거나, 자영업의 경험이 있거나, 상가 경험이 있는 분들은 같이 하셔도 됩니다. 즉 어느 정도 경험이 있는 분들은 내공이 있는 분들이겠죠? 내공은 상권과 입지 정도는 볼 줄 아는 사람에 한정합니다. 이런 분들은 로드 물건작업과 전화 작업을 병행해서 하시면 됩니다.

전화 작업은 두 가지 단계로 나눌 수 있습니다.
(1) 정보를 얻기 위한 전화 작업
(2) 공격과 방어를 동시에 하는 전화 작업

(1) 정보를 얻기 위한 전화 작업

필수체크항목
① 주소
② 평수
③ 보증금
④ 월세
⑤ 관리비
⑥ 권리금
⑦ 주차 여부(몇 대 가능한지?)

추가체크항목
① 주5일 장사? 주7일 장사인지?
③ 상권 유형은?
④ 주 고객층은
⑤ 오피스 상권인지 20대 상권인지?
⑥ 일, 월평균 매출은? 작년 총 매출은?
⑦ 순 이익률은?

프랜차이즈이거나 또는 매출, 권리가 높은 물건은 전부 다 물어보셔야 합니다. 왜냐하면, 손님 입장에서 비싼 권리금을 주고 들어가는 경우이므로 업종이 바뀌는 경우라도 현재 매출을 정확하게 알려주면서 '장사가 이렇게 잘 된다. 그래서 물건 임차인은 이만큼 받기를 원하는 것이다'라고 알려주기 위해서입니다.

(2) 공격과 방어를 동시에 하는 전화 작업

우선 가게를 내놨는지를 먼저 확인합니다. 그리고 임차인이 우리한테 줄 수 있는 것은 인하된 권리금입니다. 즉, 임차인의 권리금을 깎아야 합니다. 방어는 임차인이 나를 공격하는 것인데, 내가 임차인을 너무 공격하면 오히려 나한테 성질을 내거나 전화를 끊어버리거나 하는 최악의 결과가 발생하지 않도록 임차인의 공격적인 대화를 받아내는 것을 말합니다. 공격할 때 상대방이 기분 나쁘지 않게 알면서도 당하게끔 공격을 해야 합니다. 그랬는데도 아주 극단적인 반응을 보일 때가 있는데 이럴 때 대응하는 방법이 방어법이라고 생각하시면 됩니다. 내공은 하루아침에 생기지 않습니다. 많은 TA를 통한 훈련이 필요합니다.

상가중개로 연봉 1억을 달성하기 위해서는 TA를 잘하셔야 합니다. TA는 부동산중개영업에서 상가를 포함한 중개업 전체에서도 아주 큰 비중을 차지합니다. 나중에 물건이 많이 쌓이고, 내공도 쌓였다면 경쟁자와 나의 큰 매출 차이는 바로 TA라고 생각하시면 됩니다.

상가중개영업에서 TA는 크게 3가지입니다.

(1) 인터넷커뮤니티 TA
(2) 로드 숍 TA
(3) 일간 지역정보지 TA

(1) 인터넷커뮤니티 TA

하루에서도 수십에서 수백 개의 물건이 인터넷커뮤니티에 올라옵니다. 상가중개 부동산 관점에서는 사용 가능한 DB가 자동으로 생성되는 것입니다. 그리고 이 DB는 1년이라는 시간이 흘렀다고 가정을 하고 뒤돌아보면 반드시 40% 이상은 거래가 되어있습니다. 제 말은 이렇게 증명할 수 있습니다. 인터넷커뮤니티에서 2019년 6월 19일 현재 시점에서 볼 때 2018년 9~12월에 올라와 있는 물건들이 거래되었는지를 확인해 보시면 됩니다. 만약 거래가 안 됐다면 과거의 권리보다 현재의 권리는 많이 떨어져 있을 겁니다. 떨어져 있지 않다면 지금 내가 전화를 해서 권리를 떨어뜨릴 수 있습니다. 다른 측면에서 생각해보면 아주 훌륭한 반드시 팔릴만한 물건작업이 될 수도 있습니다. 인터넷커뮤니티는 우리 상가중개인에게 훌륭한 DB를 제공해주는 역할을 합니다. 다만 단점을 말씀드리자면 이 정보는 모두가 볼 수 있는 커뮤니티에 공개됩니다.

따라서 경쟁자도 볼 수 있고 손님도 볼 수 있습니다. 이 말은 물건작업을 하고 난 후 손님 반응도 있고 진행이 되면 반드시 어떠한 행동을 취해야 함을 의미합니다. 어떠한 액션은 내가 계약을 원활하게 할 수 있게끔 혹시라도 발생할 사고를 방지하기 위한 사전작업을 의미합니다. 인터넷커뮤니티를 잘 활용하시기를 바랍니다. 이 방법이 바로 오프라인 물건작업 없이 계약이 가능한 방법입니다. 제가 이 방법으로 서울 전 지역에서 계약을 했습니다. 남들은 신기해하며, 어떻게 광역적인 지역에서 계약할 수 있냐고 물어봅니다. 정답은 TA입니다. 물건작업만 중요한 게 아니라 광고와 함께 영업 3가지를 모두 잘하셔야 계약을 쓸 수 있습니다.

(2) 로드 숍 TA

로드 숍 TA는 인터넷 지도 로드뷰를 보고 전화를 해서 물건을 확보하는 방법을 말합니다. 로드뷰는 다음이나 네이버 지도에서 제공하는데요, 상가중개인 관점에서는 다음 지도가 더 보기 편하고 좋습니다. 로드 숍 TA는 직접 나가서 명함작업 하는 대신 전화로 물어보는 작업입니다. 사무실에서 컴퓨터 앞에 앉아서 전화를 하면 되는데, 전화번호가 없는 물건은 할 수가 없습니다. 하지만 밖에 나가서 하는 것이 아닌 만큼 활용가치가 굉장히 넓습니다. 로드 숍 TA가 가장 많이 활용되는 예는 프랜차이즈 물건 찾기 할 때입니다. 보통 프랜차이즈에서는 지역이나 섹터를 정해서 얘기해 줍니다. 거리가 먼 지역일 때 시간과 비용을 들여서 무조건 가지 말고 먼저 로드뷰를 통한 TA를 해서 물건을 확보한 다음, 상권을 보러 가는 것이 정답입니다. 직접 갈 때와 로드뷰를 통해 보는 것은 또 다른 차이가 있습니다. 직접 보러 가는 것이 가장 정확한 정답입니다. 지역 부동산 입장에서는 내 지역에 있는 상권이 활성화되어 있는 곳을 TA 할 수도 있고 손님이 원하는 지역에서 로드뷰 TA를 할 수도 있습니다. 물건 매물 장을 만들 때 직접 나가서 하는 방법이 고전적인 방법이라면 로드뷰를 통해서 전화 작업을 하면서 매물 장을 만들 수도 있습니다. 다만 전화 작업 전에 확인해야 할 것이 있는데 로드뷰 상에 나오는 사진의 시점이 언제인가입니다.

다음 로드뷰는 주기적으로 업데이트가 되고 있습니다. 다른 측면에서 말씀드리면 2008년부터 다음 로드뷰를 제공하기 시작했으니 현재 점포의 히스토리를 로드뷰를 통해서 확인 가능합니다. 이곳이 자주 바뀌었는지? 10년간 한 점포로 유지를 했는지? 이러한 정보는 영업에서 유용하게 사용될 수 있습니다.

(3) 일간 지역정보지 TA

일간 지역정보지 TA는 직접 보고 전화를 해서 물건을 확보하는 방법을 말합니다. 광고 주체는 부동산중개업자와 개인 직거래 두 개로 나눠집니다. 우리는 개인 직거래로 올라온 광고를 보고 전화해서 물건을 확보할 수 있고, 부동산 중개업자가 낸 광고도 참고할 수 있습니다. 어떻게 참고를 하느냐? 예를 들어서 〈신논현역 대로변 유동인구 바글바글 일반음식점〉 이렇게 광고를 하고 있다면 신논현역에 대로변이라는 정보를 얻을 수 있습니다. 그럼 다음 지도를 통해서 신논현역 대로변에 있는 물건을 TA 하거나 일반음식점만 지정 선택해서 검색하고 전화 작업을 하는 방법도 있습니다.

양꼬치
면목역 5분 70m2
내부화장실 양꼬치집
보1000 월190(부가세별도)
권3000 조정가

XXX부동산
010-9999-9999

  실제 모 일간 지역정보지에서 부동산이 광고하는 모습(금액과 지하철역은 수정)입니다. 양고기꼬치라고 대놓고 광고를 하고 있죠? 저는 여기를 10분 이내로 찾을 수 있습니다. 이건 경쟁자에게 내 물건을 공개하는 어리석은 행동입니다. 하지만 내 입장에서는 소중한 정보가 되기도 합니다. 이 책을 보는 분들은 이렇게 광고를 하면 안 된다는 점을 잘 아시겠죠?

  상가중개영업에서 물건작업과 광고작업 그리고 영업 이렇게 3가지를 모두 잘하셔야 1% 중개업자 연봉 1억이 가능합니다. 물건작업과 광고작업 그리고 영업에 모두 통용되는 기술이 TA입니다. TA의 핵심은 상대방의 심리를 알고 정보를 얻거나 이용하는 것입니다. 즉 내가 원하는 방향으로 이끌어나가야 합니다. 상대방의 심리를 알아야 하는데 이건 통화를 하면서 내가 컨트롤이 가능한지를 빨리 판단해서 버릴 건 버리고 취할 것만 취하면 됩니다.

  제가 영업에 올인했을 때 저는 17통의 문의 전화가 왔을 때마다 한 건씩 계약했습니다(유 권리 위주 계약). 2018년 7월부터 2019년 3월까지는 카페운영과 교육을 병행했기에 무권리 위주로 계약을 많이 썼습니다. 그때는 11통 문의가 왔을 때마다 한 건씩 계약했습니다. 초보분들은 더 많은 손님을 만났을 때 계약이 나올 겁니다. 이제는 내공을 만드셔야 합니다. 내공을 만드는 건 본인 몫입니다.

04
물건작업을 위한
커뮤니티

커뮤니티의 종류

(1) 점포라인 – 핵심 사이트, 온라인 매물 장이 될 수 있는 사이트
    임차인만 광고할 수 있음
(2) 두꺼비 하우스 – 가장 활성화된 상가 전문커뮤니티, 업종별
    지역별 금액별로 구분, 부동산이 너무 많은 건 단점
(3) 피터 팬의 성공 창업 이야기 – 직거래가 많이 있음, 물건확보
    목적으로 이용하기 좋음
(4) 급매물과 반값 카페 – 물건확보와 광고목적으로 이용, 블로그
    보내기 불가
(5) 점포 나라 – 블로그 보내기, 물건확보
(6) 좋은 점포 구하기 – 블로그 보내기
(7) 좋은 점포 직접 찾기 – 블로그 보내기

(8) 요식업소거래장터 - 블로그 보내기

(9) 창업센터 - 블로그 보내기

(10) 창업 나라 - 블로그 보내기

(11) 카중나(카페 중고나라) - 커피 카페 물건확보

(12) 고창모 - 고깃집 물건확보

(13) 호프집을 운영하는 사람들 - 호프집, 포차 물건확보

(14) 닭집 치킨전문점 사장되기 닭집 닷컴 - 치킨집 물건확보

(15) 정성쿡 - 일반음식점 물건확보

(16) 깔세 114 - 소형점포 찾을 때

(17) 카센터 커뮤니티 - 카센터 물건확보

(18) 아프니까 사장이다 - 물건확보 및 자영업 관련 정보 획득

커뮤니티의 내용 및 구분

상가중개영업에 이용되는 인터넷커뮤니티는 이 정도입니다. 이용 목적은 광고의 목적과 물건확보의 목적 두 가지입니다. 커뮤니티는 A급, B급 업종으로 구분할 수 있습니다.

(1) 점포라인

가장 많이 이용했던 커뮤니티입니다. 대표적인 점포 직거래 커뮤니티이며 업종별로 물건작업을 할 때, 고객이 원하는 물건을 찾을 때 첫 번째로 방문하는 커뮤니티입니다. 점포라인은 상가 전문부동산이면서 임차인에게 비용을 받고 사이트 광고를 하는 업체입니다. 부동산이 운영하는 상가 전문 일간 지역정보지의 온라인판이라고 생각하

셔도 될 듯합니다. 사이트는 10년 정도 운영을 했던 거로 알고 있는데요. 시간이 어느 정도 흐른 만큼 많은 임차인이 점포 직거래사이트로 인지하고 있으며 이 말은 임차인들이 점포를 내놓을 때 점포라인에 직접 내놓는 경우가 많음을 뜻합니다. 상가 전문부동산 관점에서 보면 점포라인은 훌륭한 온라인 개인 매물 장의 역할을 하고 있습니다. 또한, 네이버 카페 커뮤니티는 부동산 업자들이 광고를 많이 하는데 점포라인은 임차인만 광고할 수 있습니다.

(2) A급(두꺼비 하우스, 중고나라, 피터 팬, 급매물과 반값 카페)

네이버 카페 중에서 업종별로 금액별로 지역별로 구분된 커뮤니티를 말합니다. 덩치가 크고 많은 양의 DB가 있습니다. 네이버 카페는 양방향으로 이용이 가능한 커뮤니티이므로(부동산과 임차인들 모두 광고를 할 수 있고, 물건작업도 할 수 있음) 하루가 멀다고 쏟아지는 부동산 업자들의 광고를 볼 수 있습니다. 이것은 내가 광고하면서 좋은 교보재가 될 수 있습니다. 카페를 통해서도 계약은 많이 이루어집니다. 하지만 카페에 광고하기 위해 글을 직접 써야 하는 데 시간이 오래 걸립니다. 이것을 자주자주 해줘야 전화 오는 빈도가 높아질 텐데 블로그도 해야 하고 네이버 광고도 해야 하고 손님도 만나야 하는데 카페 작업을 하기에는 시간이 부족하고 큰 부담입니다. 그래서 제가 사용하는 방법이 바로 블로그에 물건광고를 하고 카페로 바로 보내는 기능입니다.

두꺼비, 중고나라, 피터 팬, 급매물카페 정도는 개인 블로그에 있는 광고를 바로 링크 이동하는 것을 싫어합니다. 운이 나쁘면 영구 강퇴

당할 수 있습니다. 강퇴 당하면 해당 아이디로 다시는 가입이 안 되니 주의하시기 바랍니다.

(3) B급(점포 나라, 창업 나라, 좋은 점포 구하기, 좋은 점포 직접 구하기, 요식업거래장터, 창업 나라, 창업센터)

B급은 블로그에서 직접 쏘는 걸 용인하는 커뮤니티입니다. 요식업 거래장터는 해보지 않았습니다.

(4) 업종전문(고창모, 호운사, 닭집, 카중나)

업종으로 특화된 커뮤니티입니다. 업종이 정해진 손님의 경우는 이러한 업종 커뮤니티를 이용하는 것이 가장 빠르게 물건을 찾는 방법입니다. 다만 손님은 보통 집 근처에서 창업을 희망하기 때문에 지역이 어느 정도는 정해져 있지만, 카페에 올라오는 물건은 전국단위입니다.

블로그에서 직접 보내는 걸 용인하는 곳도 있고 영구 강퇴하는 곳도 있습니다. 고창모는 영구 강퇴하며, 호운사 닭집은 용인합니다. 카중나는 해보지 않았습니다.

(5) 아프니까 사장이다

자영업자를 위한 커뮤니티입니다. 부동산광고 자체를 용인하지 않은 카페입니다. 이곳은 물건확보 측면으로 이용 가능하며, 자영업자들에게 필요한 많은 정보를 얻을 수 있습니다. 나는 상가 전문부동산이지만 자영업자인 손님 입장에서도 많이 알고 있어야 손님과 대화가 되겠지요?

(5) 깔세 114

소형점포 10평 이하 찾을 때 주로 이용합니다. 깔세가 주목적이지만 점포 임대도 대부분 가능합니다. 깔세라는 특성상, 입지가 좋은 점포들이 많이 있습니다.

05

물건작업을 위한
실전 노하우

손님에게 문의가 왔을 때 내가 준비되어 있다면 계약이 이루어질 확률이 더 높습니다.

내가 준비되어 있다는 말은 물건이 많고 어떠한 손님에게 문의가 오더라도 능수능란하게 대응할 수 있음을 뜻합니다. 고객과의 대응은 내공을 말하는 것인데요, 이건 고객이 100% 마음에 들어 할 만한 물건에 최소한 70% 이상은 근접한 물건을 소개해주는 매칭의 정도입니다. 즉 내가 고객과의 첫 번째 통화를 통해서 고객이 원하는 물건이 어떤 것인지를 파악하고 내 물건 중에 매칭도가 높은 것을 선택해내는 능력입니다. 어떻게 보면 직관력이라고 표현할 수 있겠는데요, 조금 더 구체적으로 말하자면 업종을 알고 상권과 입지는 반드시 아셔야 하며, 전문성을 조금 더 키우신다면 매출까지 아셔야 합니다.

상권과 입지를 아는 것은 나가서 파악하는 것이 최고의 방법입니다. 이 방법은 시간이 필요한데 우리한테는 시간이 없습니다. 하지만

상가중개영업 실무. 이 책 한 권이면 끝

저도 그랬지만 꼭 군이 나가서 상권과 입지를 파악할 필요는 없습니다. 물건확보를 하면서 상권과 입지를 파악할 수도 있습니다. 상권과 입지를 보는 눈만 있고 이것을 나만의 기준으로 정리하면서 이것이 쌓이면 쌓일수록 내가 가지고 있는 DB 안에서 손님 대응이 가능한 것입니다. 제가 지금 굉장히 중요한 말씀을 드린 겁니다.

점포라인의 활용

이제 물건 확보하는 방법을 알려드리겠습니다. 초보자라고 생각하고 말씀드리겠습니다.

여기서 말씀드리는 물건확보는 온라인으로 물건 확보하는 방법을 구체적으로 말씀드리는 겁니다. 먼저 다음 지도를 켭니다. 내가 거주하는 동네와 사무실까지의 거리가 있습니다. 예를 들면 저는 동대문구와 강남구입니다. 그럼 저는 강남, 송파, 강동, 광진, 중랑, 성동, 동대문 정도가 물건작업이 가능한 거리입니다. 이렇게 자신의 영업구역을 확정한 뒤 점포라인을 들어갑니다. 점포라인에 있는 물건 중 내 구역에 있는 물건을 구역별로 선택한 뒤 서치합니다. 메인구역은 5개를 선택하시면 됩니다. 1. 사무실이 속한 구 2. 사무실과 인접한 구 2개 3. 자택이 속한 구와 인접 구 2개 이렇게 총 5개의 구를 순차적으로 선택한 뒤 최신등록순을 클릭하여 가장 최근에 광고를 한 곳이 최상단에 올라오게 만듭니다. 이제 전화 작업을 합니다. 점포라인의 한 페이지당 60개의 매물이 있습니다. 전화는 최근 1년까지의 물건을 전화합니다.

최근 1년 이전 정보에서 임차인의 연락처만 따로 모읍니다. 이것을 하는 이유는 나중에 따로 문자영업을 하기 위함입니다(이건 하셔도 되고 안 하셔도 됩니다).

점포라인에 올라온 물건들의 특징은 모두 유 권리라는 점입니다. 1년이라는 시점을 기준으로 볼 때 권리가 비쌌던 물건들은 아직 살아 있을 확률이 있고, 살아있다면 권리금도 뚝뚝 떨어집니다. 전체지도에서 물건을 볼 수 있는 서비스가 새롭게 추가되었습니다.

'구'별 검색기능은 지도서비스를 통해서만 가능하도록 변경되었습니다.

(1) 점포라인 매물지도검색 클릭
(2) 좌측 최상단 검색란 오른쪽에서 원하는 '구' 선택
(3) 하단 '구' 매물보기 클릭
(4) 좌측 상단 검색결과에서 '최신순' 클릭
(5) 전화 작업

네이버 카페의 활용

점포라인을 메인 매물 장으로 선택했다면 서브로 활용할 매물 장은 네이버 카페입니다. 제가 알려드린 카페는 모두 물건작업이 가능한 카페입니다. 카페 물건 확보를 처음 하는 입장에서 말씀을 드리면 오늘 시점부터 최근 1년 전까지 직거래 물건을 꼼꼼하게 체크하시기를 바랍니다. 시간이 조금은 걸리더라도 여유를 가지고 제가 나열한 카페는 모두 점검하는 것이 좋습니다. 이 잡듯이 하나라도 놓치지 않

는 것이 본인 스스로가 최단기간에 내공을 쌓는 가장 빠른 방법이라고 생각하시면 됩니다. 만약 벅차다고 생각하시면 두꺼비, 피터 팬, 점포 나라 정도는 꼭 해보시기 바랍니다. 물건을 확보하기 위함이 주 목적이지만, 초보 입장에서 TA를 단기간에 많이 하는 상황이니 훈련을 하기 위한 아주 좋은 상황입니다.

1년 전까지의 전화 작업을 모두 했다면 이런 과정을 통해서 내가 사용하는 카페도 어느 정도는 정해졌을 겁니다. 이제는 1주일에 한 번씩 카페를 보는 것으로 내 구역에 올라온 직거래 물건을 검색할 수 있습니다.

지역 생활정보지

지역 생활정보지도 꼭 하셔야 되며 2주일에 한 번씩 하시면 됩니다. 제4장 핵심 편 TA 전화 작업 스크립트대로 하시면 됩니다.

로드 숍 TA

로드 숍 TA는 대로변, 도로변 메인 상권을 목적으로 하며, 제4장 핵심 편 TA 전화 작업 스크립트대로 하시면 됩니다.

네이버 부동산

네이버 부동산을 통해서 물건확보 하는 것도 꼭 하셔야 합니다. 이것은 손님이 붙었고 내 물건에서 소화가 되지 않을 때 하시면 됩니다. 이것도 매우 중요도가 높습니다. 다만 부동산들이 허위매물 광고를 많이 해서 잘 걸러내야 합니다.

온라인 물건작업 순서

(1) 구역을 정한다(5개의 구).
(2) 점포라인에서 전화 작업을 한다.
(3) 일간 지역정보지 전화 작업을 한다.
(4) 카페 전화 작업을 한다.
(5) 로드 숍 TA를 한다. 네이버 부동산도 한다(직접 나가서 명함작업 하셔도 됩니다).

오프라인 물건작업 순서

온라인으로 확보된 물건의 동선을 짠 뒤 이동을 하면서 나오지 않은 물건들에 명함을 전달하는 방법이 있습니다. 현재 나온 물건의 상권과 입지를 내가 직접 확인하면서 중간중간에 명함작업을 하면 됩니다. 명함작업은 대로변, 도로변 위주로 하는 게 1순위이고 이면도로가 2순위, 가지 상권, 동네 상권이 3순위입니다.

사무실 주변 물건작업은 오프라인 물건작업을 위해 나가면서 그리고 사무실로 돌아오면서 명함작업을 하시면 됩니다. 오프라인 물건작업은 되도록 걸어 다니면서 지하철이나 버스를 이용하셔야 합니다. 사무실 주변은 이면이나 가지 상권일 확률이 높고 물건이 나왔을 확률보다 안 나왔을 확률이 높습니다. 명함도 비용입니다. 일은 최대한 효율적으로 해야 합니다.

정리

　물건확보를 가장 먼저 하셔야 합니다. 앞서 제가 준비라고 말씀드렸죠? 한 달 정도는 계약할 생각하지 말고 물건확보만 하세요. 한 달간의 물건작업은 반년을 먹고 살게 해줄 소중한 나의 매물 장이 될 것입니다. 일반적인 기준에서 한 달이지만 사람에 따라서는 두 달에서 석 달까지는 물건작업을 할 수도 있습니다. 물건확보는 온라인과 오프라인을 병행하는 게 가장 좋습니다. 하지만 시간이 굉장히 오래 걸립니다. 가장 합리적인 방법은 온라인 물건작업을 2주 동안 빡세게 하고, 그리고 2주 동안은 오프라인 물건작업을 하는 겁니다. 온라인 물건작업 2주면 끝낼 수 있습니다. 온라인 물건작업은 현재 시점에서 내 구역에서 팔려고 내놓은 모든 물건의 70% 정도를 잡아줍니다. 나머지 30%는 팔까 말까 고민 중이거나 온라인으로 아직 나오지 않은 물건을 오프라인으로 확보한다는 개념입니다. 물론 장사가 굉장히 잘되거나 월세가 비싼 큰 물건은 온라인으로 내놓지 않고 지역 부동산에 조용히 내놓습니다. 이런 물건은 수요층이 얇아서 계약이 어렵기 때문에 우리 입장에서 본다면 의미가 없습니다.

　업무 시작하기 전에 로드뷰를 통해서 또는 직접 방문을 해서 내 구역에 있는 상가 점포들의 주소와 상호 전화번호를 모두 DB로 만드는 방법도 있습니다. KT 전화를 무조건 쓰던 시대에 상가 전문부동산에서 했던 고전 방식이지만, 지역 부동산으로 간다면 활용할 가치가 있다고 봅니다.

06

상가중개에서
광고작업이란?

광고의 목적

물건을 팔기 위해서 손님을 붙이기 위해서 광고를 하는 것이 목적입니다.

허위광고?

중고차 시장의 허위매물광고 진행과 목적이 똑같습니다. 누가 봐도 좋은 가격, 좋은 컨디션인 물건광고를 해서 손님 문의를 받는 방법입니다. 주거, 사무실, 상가 등 모든 종목에서 사용되고 있지만 저는 해보지 않았습니다.

광고의 유형

유료광고, 무료광고 두 가지 유형이 있습니다. 유료광고니까 돈을 쓰기 때문에 손님 문의가 꼭 많은 것은 아니며, 손님 성향이 꼭 좋다고 말씀드리기 어렵습니다. 무료와 유료의 계약성사율은 비슷합니다.

광고의 종류

유료광고 → 네이버 부동산, 일간지역정보지, 현수막, 네모
무료광고 → 인터넷커뮤니티, 블로그, 개인 카페

손님성향과 질

진성손님과 가성손님으로 구분해 볼 수 있습니다. 인터넷커뮤니티의 경우, 직거래와 중개인의 광고가 동시에 진행되기에 손님 성향이 그렇게 좋지는 않습니다. 우리 중개업자 관점에서 보면 빠꼼이들이라고 생각하시면 됩니다. 즉 계약이 쉽지 않습니다. 반면에 네이버 부동산, 일간지역정보지, 블로그, 카페의 경우 진성손님의 확률이 높습니다. 다만 블로그와 개인 카페는 무료이기에 손님에게 어필할 콘셉트나 플랫폼을 본인이 직접 구성해야 합니다. 일간지역정보지의 경우, 손님 성향이 소자본 창업이며, 생각만큼 전화가 많이 오지 않습니다. 아마 강남지역이라서 그럴 수도 있습니다. 지방의 경우 일간지역정보지를 반드시 사용해야 하는 경우가 있습니다. 개인적인 생각으로는 손님들이 인터넷을 통해 분산되고 있어서 일간지역정보지의 수요는 시간이 지날수록 줄어들 것으로 예상합니다.

광고를 잘해야 하는 이유?

좋은 물건이 아무리 많아도 광고작업을 못 하면 만날 손님이 없으니 계약이 어려워집니다. 광고작업을 통해 많은 손님을 가지고 있고, 관리하면서 끌고 가야 양타 계약을 꾸준하게 쓸 수 있습니다.

양타 계약을 써야 하는 이유?

양타 계약을 써야 하는 이유는 수수료 부분이 가장 큰 이유이지만, 손님을 직접 관리함으로써 나의 영업력을 키우기 위함입니다. 초기에는 빡빡하더라도 양타 계약을 하는 습관을 길러야 합니다.

네이버 부동산 광고하기

네이버 부동산은 현재 부동산중개 시장에서 광고 1위의 콘텐츠입니다. 네이버 광고 플랫폼으로 수많은 고객 문의가 이루어지고 있습니다. 상가중개영업에서도 마찬가지입니다. 가장 보편적인, 필수적인, 꼭 해야 하는 광고라고 생각하시면 됩니다. 네이버에서 직접 광고를 운영하는 게 아니라 여러 가지 광고업체들로부터 플랫폼만 제공하는 방법입니다. 여러 가지 광고업체는 매경 부동산, 한경 부동산, 부동산써브, 부동산뱅크, 부동산 114… 등 제가 아는 건 이 정도입니다. 아마도 네이버가 시장에 진입하면 모두 네이버만 이용할 테니 마치 대기업이 골목 시장에 진입하는 경우와 같아서 기존부동산 서비스 업체와의 상생 관계로 가는 선택을 했다고 생각합니다.

가격

네이버 광고의 경우 90건 6개월 이용권 가격이 24만 원 정도입니다. 다 비슷비슷합니다. 추가 90건을 더 결제한다면 건당 1,700원으로 이용 가능합니다. 15.3만 원 정도 되겠네요. 혼자서 쓰는 데 6개월에 39.3만 원 정도면 쓰고도 남습니다. 저는 6개월 90건 정도면 충분했습니다.

07

블로그 외
유료광고

상가중개영업에서 광고는 손님에게서 문의 전화를 받게 하는 아주 중요한 역할을 합니다.

좋은 물건이 있더라도 손님이 있어야 진행이 가능하니, 물건작업과 함께 어느 것이 더 중요한지 우열을 가릴 수 없을 만큼 중요합니다. 우리는 상가중개영업으로 연봉 1억 이상 벌기 위해 이 책을 읽고 있습니다. 그렇다면 계약을 써야 하는바 물건작업과 광고작업을 동시에 해야 하고 계약을 빠르게 진행할 수 있도록 영업력이 필요합니다. 영업력은 손님 컨트롤이라는 부분과 물건을 팔릴 만한 물건으로 낮추는 것 그리고 중개 보수를 만들어 먹는 법 3가지로 말씀드릴 수 있습니다. 여기에 한 가지를 더 덧붙이자면 전문성입니다. 무한경쟁 시대인 현재 수많은 공인중개사 사이에서 나를 일당백으로 만들어 줄 수 있는 only one이 될 수 있는 무기입니다. 현재 우리나라의 부동산 시장의 흐름도 부동산서비스산업진흥법의 입법화로 많은 변화가 예상됩니다. 새로운 시장 환경에서 나 스스로가 경쟁력을 가지려면 지금부터 바닥을 다지면서 상가 전문부동산이라는 이미지를 구축하면서 자리를 잡아가야 합니다. 이번 장에서는 무료광고의 핵심인 블로그 광고와 네이버 부동산을 제외한 유료광고의 활용에 대해서 말씀드리겠습니다.

블로그 광고

블로그는 무료광고입니다. 내가 시간과 노력만 들이면 언제 어디서든 광고작업을 할 수 있습니다. 저도 블로그를 통해서 광고했고 지금도 하고 있으며 문의 전화도 많이 받았습니다. 실제 계약도 써봤습니다(2018년 9월 찜질방 내 식당이 블로그 유입 건 중 가장 최근 계약입니다). 그럼 블로그를 어떻게 하면 잘할 수 있을까요? 우선, 제 블로그는 저품질 블로그입니다. 활성화된 블로그가 아니며 블로그를 꾸준하게 하고 있지도 않습니다.

하루 방문자는 30명이 채 안 됩니다. 그런데도 잊을 만하면 연락이 옵니다. 그럼 만약에 저처럼 방치형 블로그가 아닌 꾸준하게 광고를 하면 어떻게 될까요? 꾸준하게 여러 문의 전화를 받게 되실 겁니다. 실제로 블로그만으로 꾸준하게 영업하는 분들도 많습니다.

블로그를 잘하려면 여러 가지 방법이 있는데요, 우선 블로그를 이해하고 노출이 잘 되기 위한 기획이 필요합니다. 네이버는 기본적으로 블로그에 상업적인 목적으로 글을 쓰는 것을 싫어합니다. 왜냐하면, 네이버에 키워드광고라고 해서 유료광고서비스가 있기에 자신들의 서비스업 목적과 배치되는 행동이라고 생각하기 때문입니다. 그래서 사람들이 맛집 소개와 같은 비상업성 콘텐츠와 함께 섞어서 다른 비상업성 콘텐츠 비율 7 상업목적콘텐츠 비율 3 이렇게 포스팅을 작성합니다. 디자인 정도는 홈페이지 형태의 블로그로 꾸며서 하시면 좋습니다. 하는 방법은 인터넷을 검색해 보시거나 강좌를 구매해서 하셔도 됩니다. 아니면 업체에 외주를 맡기는 것도 방법입니다. 처음 시작하는 초보자 입장에서는 블로그 광고를 네이버 광고와 더불어 필수 광고방법이라고 생각하시고 하셔야 합니다. 손님 문의가 이곳저곳에서 오면 영업도 해야 하고 계약이 나오면 풀어지기도 하고 그러다 보면 블로그 작업을 꾸준히 하는 게 어려운 게 현실입니다. 따라서 블로그는 꾸준하게 반복 지속해서 하는 게 정답입니다.

유료광고

네이버 부동산을 제외한 유료광고를 말합니다. 네모라는 사이트와 일간 지역정보지가 있습니다. 네모라는 사이트는 10건에 10만 원이었는데 가격이 올랐다는 얘기를 들은 적이 있습니다. 10건에 10만 원이면 일간 지역정보지에 대비해서 무척 저렴한 가격입니다. 일간 정보지는 5건에 20만 원이 넘어갈 겁니다. 2013년 부동산 상가 영업을 할 때 5건에 15만 원 정도였던 걸로 기억합니다. 네모라는 사이트는 저는 사용해본 적은 없습니다. 다만 저도 눈과 귀가 있기에 요즘은 네이버를 제외한 사실 유료광고라면 두 개밖에 없는데 일간 지역정보지보다는 더 괜찮은 것 같습니다(2019년 7월 현재 네모는 직방에 흡수됐습니다). 강남 기준으로 말씀드리는 겁니다. 강남에서 1층 부동산 직원으로 있을 때 3개월간 일간 지역정보지를 월 5건씩 사용했는데 저는 문의 전화가 그렇게 많지 않았습니다. 사용대비 효율성이나 의존도는 강남 서초를 제외한 타지역과 지방은 상가 전문부동산에서의 비중이 꽤 높은 거로 알고 있습니다.

초보자 입장에서 유료광고는 부담이 됩니다. 블로그를 통해서도 충분히 문의 전화가 오며 블로그 손님은 진성손님일 확률이 매우 높습니다. 진성손님은 미팅이 이루어지며 정말로 창업할 손님을 말합니다. 인터넷커뮤니티 카페광고와 함께 네이버 부동산광고까지 하면 최소의 비용으로 진행이 가능합니다. 아마 이것만 열심히 하셔도 너무 바빠서 블로그 작업을 꾸준히 못하게 되실 겁니다(제가 그랬습니다).

1인 창업이고 초보자라면 돈 들여서 유료광고를 하더라도 계약으로 연결되기 어렵습니다.

그렇다면 가장 효율적인 방법을 말씀드리겠습니다. 돈 들이지 말고 무료광고를 통해서 손님 10명 정도와 미팅을 해보고 어느 정도 내공이 쌓였고 첫 계약이 나온 이후에 유료광고를 하시는 게 어떨까요? 아니면 내가 내 눈으로 직접 본 물건 100개 정도가 있고 100개를 모두 블로그에 광고한 이후에 어느 정도 준비가 되었을 때 유료광고를 진행하면 됩니다. 사실 블로그에 물건 100개의 광고가 올라간 경우라면 미팅이 꽤 많이 이루어진 상태일 겁니다. 제 블로그에 올라간 물건도 아직 100개 미만입니다. 상가임대 광고가 59개 올라가 있네요. 즉 어느 정도 준비가 된 이후에 유료광고를 하는 것을 추천합니다.

보고 계시는 책의 키워드는 '중개업 1인 창업으로 최소의 비용으로 시장에서 살아남고 연봉 1억에 도전하는 상가중개영업'입니다. 물건 작업은 비용 들이는 것 없이 자력으로 가능하며, 광고는 무료광고인 블로그, 인터넷커뮤니티, 카페, 네이버 부동산(6개월 24만 원 90건) 위주로 하시면서 손님과의 미팅을 10번 이내에 계약으로 연결하는 것입니다.

물건확보가 기본이 되어야 하고, 물건확보 즉시 인터넷커뮤니티, 블로그, 네이버 광고에 꾸준하게 지속해서 광고하셔야 합니다. 여기까지 들으시는 분 중에 기본적인 내공이 있거나 머리 회전이 빠른 분들은 물건작업에도 전략이 필요함을 느끼실 겁니다. 물건작업에 대한 전략은 제4장에 핵심 편 '네이버 카페 활용전략'에 있습니다.

08

실전 광고기법

이번 시간은 광고 고급과정입니다. 초보자 입장에서 상가중개영업에 도전할 때 '어떻게 하면 최대한 비용을 줄이면서 고객 문의를 많이 받을 수 있을까?'에 대한 답을 드리는 게 이번 광고기법 편의 핵심입니다. 제가 전 시간에 가장 최적화된 물건작업의 방법을 제시해 드렸는데요.

광고작업이 안되면 물건작업은 의미가 없습니다. 상가중개영업에서 물건, 광고, 영업 모두 중요합니다. 3박자가 모두 잘 맞아야 지속적인 계약이 가능합니다. 광고작업은 내가 시간을 들여서 하는 노동입니다. 다만 유료광고는 최소화하고 무료광고를 극대화해서 효용성을 높이고 시간을 최대한 단축해서 많은 양을 광고하는 것이 포인트입니다. 그럼 광고의 종류와 어떻게 하는 것이 가장 최적화되고 효율적인 광고인지 살펴보겠습니다.

광고의 의미

광고도 영업입니다. 광고 영업에는 두 가지의 방법이 있습니다. 손님이 나를 찾아오는 방법이 있고 내가 손님을 찾아가는 방법이 있습니다. 전자를 인 바운드 영업, 후자를 아웃 바운드 영업이라 부릅니다. 부동산 영업은 두 가지의 방법이 모두 통용되는 시장입니다. 다만 중개업자의 99%는 모두 인 바운드 영업을 하고 있습니다. 내가 물건을 광고해서 손님에게 문의 전화를 받는 방식입니다. 즉 낚시하듯이 낚싯대를 두고 고기가 떡밥을 물 때까지 기다리는 방식입니다. 저는 다음 장에서 가장 효율적이고 최적화된 구체적인 인 바운드 영업방식을 제안할 것이고 아웃 바운드 영업방식은 개인 카페나 유튜브를 통해 공개하겠습니다.

광고의 종류

광고에는 무료광고와 유료광고가 있습니다. 유료광고는 네이버 부동산광고, 일간 지역정보지, 네모 정도가 되고, 무료광고는 개인 블로그, 네이버 카페 운영, 인터넷커뮤니티 정도가 되겠습니다. 유료광고의 경우 휘발성으로 돈을 낸 기간만큼만 광고가 나가지만 무료광고의 경우 시간이 지나도 광고의 효과가 지속될 수 있습니다. 또한, 업종전문 차원에서 오래전에 광고했던 물건도 고객 입장에서 본다면 우리에게 긍정적인 시각으로 비치게 됩니다. 이렇게 오래전에 올린 물건은 시간이 지나도 나름대로 역할을 충실히 한다고 보시면 됩니다.

효율적이고 최적화된 광고방법의 제안

시행착오를 하면서 느낀 가장 최적화되고 효율적인 방법이라고 생각합니다.

① 블로그 광고 or 카페광고 or 두 개 모두 운영하는 광고
② 인터넷커뮤니티 광고
③ 네이버 부동산광고 – 6개월 90건 24만 원 정도
④ 네모광고 – 10건에 10만 원 or 20만 원
⑤ 일간 지역정보지 광고 – 5건에 23만 원
⑥ 프랜차이즈 영업

1번, 2번은 필수입니다. 이것만 하셔도 계약 쓰는 데 무리가 없을 겁니다.

블로그를 우선 추천해 드리며, 나중에 상가 전문으로 조직으로의 확장성을 생각하신다면 카페를 추천합니다. 두 가지를 같이하셔도 되는데 하나 하기에도 벅찬 게 사실입니다. 네이버 광고는 부동산업계에서 필수 광고라고 생각하시면 됩니다. 가격도 저렴해서 이용하시는 것을 추천합니다. 네모나 일간 지역정보지는 필수가 아닌 선택입니다. 돈을 쓰면 고객 문의가 더 많이 오는 건 맞지만, 돈을 쓴다고 진성 고객만 문의 오는 게 아니며, 무료광고라도 얼마든지 진성 고객을 찾을 수 있습니다. 즉 유료광고의 의미는 돈을 들여서 더 많은 고객 문의를 받기 위함 딱 거기까지입니다. 그럼 역으로 생각하면 선택과 집중을 통해서 즉 블로그에 올인해서 더 많은 고객 문의를 받으면

되지 않느냐? 맞습니다. 이렇게 블로그만 해서 계약 쓰는 사람도 있습니다. 다만 유료광고는 돈을 내는 만큼 나의 노력이 들어가지 않습니다. 그만큼 시간을 확보할 수 있겠지요. 프랜차이즈는 상가중급자에게 추천해 드립니다. 프랜차이즈는 따로 개인 카페를 통해서 공개하겠습니다.

블로그 광고하는 방법

블로그 광고에서 가장 중요한 건 최적화입니다. 최적화는 내가 작성한 글들이 네이버에 검색 시 상위권에 노출되는 것을 뜻합니다. 노출이 안 되면 광고를 하나 마나입니다. 그래서 블로그 광고를 하기 전에 필수적으로 체크 할 몇 가지를 말씀드리겠습니다.

체크 사항

- 자신의 블로그가 키울 수 있는 블로그인지 아닌지 체크하는 방법
  블로그 접속 → 가장 최신 글 제목 가져오기 → 큰따옴표 검색 → 큰따옴표 없이 검색 → 1위에 뜬다면 적어도 이 블로그는 키울 수 있는 블로그임
- 블로그 삭제와 수정에 대하여
  1시간 이내에는 수정해도 된다. 1시간 이후에는 수정하지 마라. 포스팅이 뒤로 밀린다.
  삭제도 많이 하면 안 된다. 그럼 어떻게? 수정을 안 하려면?
  메모장에서 먼저 작성하고 2차로 블로그에 글을 쓰자
  삭제는 비공개로 빼자(삭제하지 말자)
- 자신의 블로그가 저품질이라면 탈퇴하고 다시 가입해서 하는 게 가장 좋다.
- 기존에 썼던 글을 복사해서 다시 쓰면 안 된다. 네이버는 창작 글을 좋아하므로 기존에 썼던 글은 수정해서 작성하자.

광고의 목적은 손님에게서 전화문의를 받기 위함입니다. 전화를 준 손님이 정말로 창업을 생각하고 있는 진성손님이고 창업 예정지역이 내가 커버가 가능한 지역이라면 내가 가진 물건 DB에서 소화해야 하고, 그게 아니라면 네이버 부동산이나 로드 TA 작업 또는 직접 명함작업을 해서라도 계약으로 끌어내야 합니다. 내가 많은 양의 물건 DB가 있고 이것을 어떻게 활용해서 광고할 것인가를 생각해보셔야 합니다. 손님 입장에서 인터넷 쇼핑하듯이 블로그나 카페를 통해서 정보를 취득합니다. 그리고 손님들 대부분은 업종이 정해져 있으며 점포 구매 시 가장 중요하게 생각하는 것은 금액입니다. 그다음이 평수이고 이러한 조건이 어느 정도 맞는 상태에서 상권과 입지를 봅니다. 상권과 입지가 자신의 마음에 안 들면 창업을 안 하고 상권과 입지가 좋으면 검토를 하는 것이지요.

이러한 상황을 생각해서 광고할 때 제목에 상권과 입지, 금액과 평수를 노출합니다. 고객들 입장에서 가장 중요한 점을 노출 시키는 것이지요.

① '강남역 1번 출구 도보 3분 사거리 코너 전용 30평 임대'
② '강남역 1번 출구 도보 3분 사거리 코너 전용 30평 합 5억 임대'

차이점은 금액 작성의 유무입니다. 금액이 들어가면 내용을 알기 때문에 조회 수가 줄어듭니다. 금액이 없으면 금액이 궁금해서 클릭하게 됩니다. 그냥 눈으로 보고 넘어가는 것과 내용을 보는 것은 분명 차이가 있습니다. 당연히 눈으로 보고 클릭을 해서 내용을 확인했을 때 연락이 오겠죠. 즉 제목에 금액을 쓸 때는 저렴한 급매 가격일 때 쓰는 겁니다. 이런 급매물 물건은 보안유지를 철저히 하셔야 합니다. 고객 입장에서 클릭했을 때 하나의 물건을 보는 것보다는 같은 평수의 금액이 비슷한 물건을 여러 개 보여주는 것이 연락 올 확률이 더 높습니다. 고객 입장에서 인터넷 검색을 통해서 물건정보를 취득하는데 연락이 많이 오게 하려면 이렇게 해야 합니다.

① 광고하는 양이 많아야 한다.
② 제목을 쓸 때 상권과 입지 평수를 잘 써야 한다.
③ 세트나 묶음으로 물건을 분류한다.

②에 대한 상세설명: 상권과 입지는 수요가 많은 지역일수록 연락이 많이 옵니다. 그리고 코너라든가 횡단보도 앞이라든가 유명 프랜차이즈 인접 라인이라든가 조금은 과장해서 쓰셔도 됩니다. 금액에 대한 메리트가 있는 물건이라면 금액을 강조해서 써야 합니다. 물론 금액에 대한 메리트를 고객이 직접 알 수 있도록 상권이나 입지 평수를 앞에 같이 써야 하겠죠.

③에 대한 상세설명: 강남 무권리 모음, 강남 음식점 용도 합 5,000 이하 모음, 소자본 창업 모음, 다용도 합 5,000만 원 이하 소자본 창업 모음, 강남 합 1억 전용 30평 이하 다용도 점포 모음과 같이 다양하게 콘셉트를 입히고 수요층을 넓혀서 다양하고 많은 고객군이 연락 오게 하는 방법이 있습니다. 이 방법이 연락이 많이 옵니다. 또한, 물건을 내가 먼저 분류를 해놨기에 어떠한 업종이 가장 최적의 업종인지를 알 수 있으니 그에 맞는 손님이 온다면 매칭이 될 확률이 높습니다. A 콘셉트, B 콘셉트가 상호호환이 가능한 업종이라면 하나의 물

건으로 여러 명의 고객을 보여줄 수 있습니다. 결국, 물건작업과 광고 작업은 꾸준함이 필수입니다. 하지만 한정된 시간 안에서 내가 하루에 만날 수 있는 손님도 정해져 있습니다. 고객 문의가 너무 많으면 소화하기 힘듭니다. 사실 시간이 어느 정도 지나면 네이버 부동산 손님만으로도 계약하기 벅찰 겁니다. 직접 경험한 사실을 토대로 말씀드립니다.

처음에는 시간도 오래 걸리고 힘들겠지만, 블로그를 메인으로 만들어 두면 카페 보내기를 활용해서 이곳저곳으로 보낼 수 있고 기존의 광고 틀이 있으면 광고하는 시간도 절약되므로 충분히 할 수 있습니다. 다시 한번 강조합니다. 광고는 꾸준히 지속해서 하셔야 합니다.

09

상가중개영업을 위한
준비과정

영업은 우리 부동산중개업에서 매우 중요한 역할을 하고 있습니다. 물건과 광고 그리고 고객미팅까지 전 과정에 적용이 되는데요, 저는 고객과의 처음 통화부터 계약까지의 전 과정을 영업이라고 표현합니다.

영업의 정의

(1) 영업의 사전적 의미

주관적으로는 상인이 계속해서 같은 종류의 영리 행위를 반복하는 일, 객관적으로는 일정한 영리 목적에 제공된 재산의 총체 또는 총괄적인 재산적 조직체.

(2) 강 소장이 생각하는 영업이란?

어떠한 유 · 무형의 상품이든지 고객은 두 가지를 보고 판단합니다. 하나는 회사, 조직, 브랜드이고, 두 번째는 영업 담당자입니다. 저는 전자를 30% 후자를 70%라고 생각합니다.

결국, 영업은 '나' 자신을 파는 거로 생각합니다. 고객은 '나'라는 사람에게 기본적인 호감을 지닌 상태에서 지속적인 미팅을 통해 100% 신뢰할 때 계약이 나온다고 생각합니다.

그럼 우리가 영업을 잘하기 위해서 어떠한 준비를 해야 고객의 마음을 얻을 수 있을까요?

부동산중개업도 영업이다

(1) 부동산중개업의 특성

부동산은 거래금액이 가장 큰 상품에 속합니다. 상가의 경우는 고객 관점에서 본다면 인생에서 생계를 걸고 도전하는 큰일이라고 할 수 있습니다. 그렇다면 손님들은 큰돈 들어가는 일이기에 대단히 신중해질 수밖에 없습니다. 고객이 신중하다면 우리 부동산 입장에서는 피곤해지는 게 사실입니다. 우리는 중개계약을 통해 중개 보수를 받는 입장이니 최대한 빨리 가부 결정하기를 바랍니다.

(2) 부동산중개업에서 영업이 필요한 이유

부동산 상품을 구매하는 고객은 신중할 수밖에 없고, 방어적으로 나옵니다. 우리는 주어진 시간과 환경에서 많은 고객이 최대한 빨리 결정을 할 수 있도록 조언하고, 제안하는 역할을 하게 됩니다. 여기서 조언과 제안의 역할은 개인역량에 따라서 소득 차이가 발생합니다.

즉 같은 기간 동안 누구는 계약을 쓰게 만드는데, 누구는 고객에게 끌려다니면서 계약도 못 쓰고 시간 낭비만 하게 됩니다. 그렇기에 영업력이 꼭 필요합니다. 영업은 이미지 메이킹과 경험입니다. 이미지 메이킹은 고객이 나를 처음 보고 느낀 첫인상을 내가 만드는 것이며, 경험은 고객이 선택과 결정을 후회 없이 잘할 수 있도록 나에게 의지를 하게 만들거나, 또는 나에게 조언을 구해 스스로의 결정에 확신을 주는 역할을 하게 됩니다. 아래와 같이 이렇게 말씀드릴 수도 있습니다.

부동산은 물건에 대한 서비스나 실제 사용 또는 투자목적, 재테크 측면으로 구매가 이루어집니다. 상가중개의 경우는 창업 목적으로 점포를 임대해서 사용하는 것인데요, 점포가 정말 마음에 들면(금액, 상태, 조건 등등) 고객은 바로 계약을 할 겁니다. 하지만 고객의 눈에 100% 마음에 드는 물건은 없다고 보시면 됩니다. 그러므로 우리가 원하는 타이밍에 계약하기가 쉽지 않은 게 상가중개의 현실입니다. 우리는 계약을 해야 보수를 받는 직업이기에 어떻게든 고객이 계약하도록 만들어야 합니다. 그렇다고 나의 이익을 위해서 거짓말을 해서는 안 됩니다. 일반적으로 금액이 큰 부동산 계약을 고객에게 요구한다면 고객 입장에서는 거부감이 들 수 있습니다. 따라서 고객이 빠른 선택을 하도록 부동산중개인의 영업력이 필요합니다.

초보 입장에서 계약을 잘 쓰는 데 필요한 영업적인 방법

(1) 명함 신경 써서 만들기

고객과의 첫 만남은 명함입니다. 저는 고객과 처음 통화가 끝나면 항상 명함을 문자로 보내드립니다. 이유는 저는 부동산중개인이라는 걸 알리기 위함입니다. 여기서 그다음에 연락 두절이 된다거나 전화 연결이 안 되는 경우는 부동산을 통한 진행의향이 없다는 뜻입니다. 이런 손님을 미리 판단하는 효과가 있습니다. 명함은 나를 소개하는 영업의 시작입니다.

고객은 명함을 통해 나를 판단합니다. 저는 명함에 사진과 경력을 넣습니다. 사진을 넣는 이유는 다른 명함과 다르게 보여서 다시 한번 보게 됩니다. 또한, 명함에 사진이 있으면 사람들은 찢어 버리지 않고, 바로 버리지는 않습니다. 경력을 넣는 이유는 스스로 열심히 살아온 과거에 자신감이 있기 때문입니다. 상가 전문이라는 표현을 꼭 써야 합니다. 임차인들이 나중에 점포를 정리할 마음이 생길 때, 직접 와서 명함을 주고 간 부동산 명함을 꺼내보게 될 겁니다. 그때 상가 전문이라고 쓴 부동산과 그렇지 않은 부동산 중 상가 전문이라고 쓰인 곳에 먼저 연락을 하게 됩니다.

(2) 옷차림

넥타이를 착용한 정장을 추천합니다. 고객은 많은 부동산과 미팅을 하면서 중개인을 만날 텐데요, 100명 중 99명은 정장 차림과 넥타이를 하고 있지 않습니다. 고객은 정장 차림과 넥타이를 한 부동산중개인을 기억할 것입니다. 물건은 한정되어 있기에 급매물에 대한 정보를 여러 부동산이 함께 공유할 수 있습니다. 이때 고객은 부동산을 선택하게 되는데, 나를 먼저 선택하게 하는 건 고객에게 내가 좋은 기억으로 남겨졌기 때문입니다.

(3) 스크립트 외우기

첫인상은 이미지 메이킹을 통해 만들 수 있지만, 경험은 시간이 지나야만 쌓을 수 있습니다.

하지만 시장에서는 경험 없는 초보자들도 계약을 많이 쓰고 있습니다. 어떻게 그럴 수 있을까요? 여러 가지 요인들이 있겠지만, 생 초보자라고 가정하고 말씀드리겠습니다.

부동산 상가 영업을 진행하는 과정 중에 고객들이 하는 질문들과 원하는 답변은 정해져 있습니다. 여러 가지 경우의 수에 나오는 질문과 답변을 외워서 단기간에 경험을 쌓는 것입니다. 이걸 롤 플레이 R. P 훈련이라고 합니다. 스크립트는 개인 카페에서 공개합니다.

10

계약을 위한
영업과정의 소개

.

첫 번째 통화

(1) 반드시 해야 할 질문

① 어떤 걸 보고 전화 주셨어요?

전화가 오게 된 루트를 확인함으로써 어디에서 연락이 가장 많이
오는지 알 수 있습니다.

② 업종은 어떻게 되세요?

업종을 물어봄으로써 내가 광고한 물건과 잘 맞는지 판단합니다.
함께 소개할 만한 인근에 있으면서, 손님이 원하는 업종과 어울리는
물건 두 개를 빠르게 스캔합니다.

③ 지역은 정해져 있나요?

우리가 일을 편하게 하려면, 그리고 내가 할 수 있는 일인지 아닌지를 판단하기 위해서는 지역을 꼭 물어봐야 합니다.

④ 금액은 얼마나 생각하세요?

점포 비용만 얼마나 생각하는지 물어보면 됩니다.

⑤ 가게 알아보신 지는 얼마나 되셨어요?

손님에게 질문함으로써 현재의 감정 상태를 체크합니다. 창업 기간이 길어지면 일을 못하고 있고 돈을 벌고 있지 않으므로 초조하고 불안한 상태입니다. 이러한 사람들은 창업할 마음이 있고 초보자의 경우, 1~3달 정도의 기간만 알아보고도 창업을 합니다. 창업 유경험자의 경우, 한 번 이상의 창업경험을 지니고 있으므로, 대단히 신중합니다. 질문을 통해 경험자인지, 2호점을 구하는 중인지 꼭 확인해야 합니다. 아마 대화를 하면서 자연스럽게 말을 먼저 할 겁니다.

⑥ 창업은 언제쯤 생각하세요? 창업을 희망하시는 시기는 언제인가요?

구체적으로 물어보셔야 합니다.

(2) 진성인지 가성인지 판단할 것

미팅으로 이어지기 전에 3번 전화를 시도했는데 모두 받지 않고 연락도 안 온다면 그리고 첫통화 후 미팅을 계속 미룬다면 더이상 연락을 하지 않는 것이 좋습니다. 손님은 많고, 시간은 한정

돼 있기에 우리는 진성손님만 상대해도 시간이 모자랍니다.

(3) 주소를 알려달라고 하면?

고객 중에 전화 문의할 때 주소를 알려달라고 하는 분들이 많습니다. 미팅 전에 한 번도 본 적 없는 손님에게 주소를 공개하면 어떻게 될까요? 로드뷰를 통해 보거나, 직접 가볼 텐데, 마음에 들면 순진하게 우리한테 전화해서 마음에 든다고 계약하자고 할까요? 마음에 안 들면 부동산 전화를 잘 받아주고 바로 미팅으로 연결이 될까요?

얼굴 안 본 상태에서 주소를 알려줬다면, 또 요구할 겁니다. 그리고 물건이 마음에 든다고 하더라도 직거래 또는 연락 두절이 될 확률이 높습니다. 이런저런 생각이 많아지는 상황을 내가 굳이 만들 필요는 없습니다.

첫 번째 미팅

(1) 물건 한 개만 보여주는 미팅

(2) 물건 세 개를 보여주는 미팅

1번과 2번은 손님의 상황에 따라 다르게 해야 합니다. 내가 광고한 물건이 좋은 물건이라서 물건 자체를 팔기 위해 광고한 경우는 그 물건만 보여주기 위해 미팅을 할 수 있습니다. 모객용(전화 받는 것이 목적) 물건이었으면, 전화로 얻은 정보를 가지고 매칭이 되는 물건을 세 개 정도는 준비해서 미팅하도록 합니다.

두 번째 미팅

(1) 미팅 진행

고객이 물건 3개를 거절했다면, 거절에 대한 정보를 얻게 됩니다. 그 이유를 다시 한번 분석하여 고객이 원하는 물건 3개를 선택해 2차 미팅을 하면 됩니다.

(2) 2차 미팅으로 연결이 안 되는 이유 세 가지

① 내가 보여줄 물건이 없는 경우
② 고객이 적극적이지 않은 경우
 · 부동산중개인이 마음에 안 드는 경우
 · 부동산중개인이 보여주는 물건이 검토가 안 되는 물건인 경우
   (고객 입장에서는 시간 낭비라고 생각할 수 있겠죠)
③ 연락 두절 – 이유를 알지 못하는 상황에서 연락이 끊기는 경우도 있습니다. 나한테 문제가 없었다면 창업을 포기해야 하는 다른 이유가 생긴 것입니다. 이런 경우는 다른 휴대폰 번호로 전화해서 정중하게 이유를 물어보는 게 좋습니다.

세 번째 미팅

두 번째 미팅에서 물건을 보여줬는데도 거절을 했다면, 타 부동산을 통해서도 물건을 보는 중이거나, 신중한 사람이거나, 창업 유경험자이거나, 2호점을 찾는 사람일 겁니다. 그렇지 않다면 창업을 해도 안 해도 그만인 경우입니다.

(1) 타 부동산을 통해서 물건을 보는 손님

물건을 많이 본 상황에서 스스로 선택을 하게끔 지구전으로 가야 합니다. 중개인의 역할이 대단히 중요하며, 꾸준한 영업력이 필요합니다.

(2) 신중한 손님 – 결정 장애가 있는 사람

객관적인 타당성 있는 자료와 함께 강력한 클로징이 필요합니다. 이성적인 부분을 제시하면서, 감성 터치로 클로징하는 방법이 필요합니다.

(3) 창업 유경험자 또는 2호점을 찾는 손님

중·장기전을 생각하셔야 합니다. 자신의 마음에 꼭 드는 점포가 나와야 계약을 할 사람입니다. 점포를 보는 눈과 원하는 콘셉트가 다 달라서 꾸준하게 정기적으로 점포를 추천하는 방법을 사용하시면 됩니다.

(4) 창업을 해도 그만 안 해도 그만인 경우

현재 직업이 있고 하는 일을 마무리함과 동시에 창업을 생각한다거나, 아니면 다른 직장 직업으로 이직 전직을 하는 등 여러 가지 생각이 있는 사람을 말합니다. 가끔 전화로 관리하는 방식으로 끌고 가면 됩니다.

클로징

클로징을 위한 방법에는 여러 가지가 있습니다. 사람마다 다르게 가야 하며, 이성과 감성 두 가지 측면을 공략해야 합니다.

PART
04

상가중개영업
핵심 편

실전리뷰는 중개보조원이었던 초보자 시점에서 대표공인중개사의 역할까지
1인칭 시점으로 대입하여 재구성하였음을 알려드립니다. 실제로는 중개보조원
역할만 하였으며 중요한 판단 결정은 모두 대표공인중개사를 통해서 진행되었
음을 알려 드립니다.

01

실전 리뷰1
강 소장의 첫 번째 계약

첫 번째 계약을 하게 된 이야기를 들려 드리겠습니다. 제가 부동산을 완전히 업으로 시작한 시점이 2016년 10월 9일입니다. 강남의 1층 중개법인에서 시작했습니다. 저의 이전 스토리에서 말씀을 드린 부분이지만 저는 원·투룸과 상가 중 어떤 걸 할까 고민을 했고 결국 상가를 선택했습니다. 당시 저의 나이가 36살이고 아직 미혼이라서 반드시 돈을 벌어야 했고 시행착오를 해서는 안 된다는 생각에 확실한 돈벌이인 원·투룸을 생각했던 것입니다. 하지만 결국 저는 상가를 선택했고 정확히 2주 뒤에 계약을 성사시켰습니다. 그럼 어떻게 진행이 이루어졌을까요?

당시 저는 부동산에 막 들어간 시점이므로 저의 물건이 없었습니다. 하지만 중개법인이었고 상가 팀으로 운영하고 있었으니 부동산 물건은 아주 아주 많았습니다. 회사의 룰은 회사물건(주인 없는 회사 소유의 물건)인 경우, 권리금을 50% 이상 깎으면 본인 물건으로 인정을 해줬습니다. 여담이지만 만약 다른 직원의 물건이었고 그걸 제가 50% 깎으면 그것도 원칙상 인정은 해주지만 아마도 그 물건을 확보한 직원 입장이 좀 난처해질 것입니다. 이런 경우는 같이 진행하는 게 저의 입장도 그리고 물건의 주인인 직원 입장도 생각하는 처사라고 생각합니다.

그렇지만 부동산 대표 관점에서 보면 냉정하게 원칙대로 가는 게 맞는 처사입니다. 왜냐하면, 전체 조직을 생각해서 운영해야 하니 전체 직원들에게 경각심을 주고 긴장을 늦추지 말 것을 당부하는 경고와 같기 때문입니다. 아무튼, 저는 당시 들어가자마자 회사의 시스템을 파악하고 계약을 쓸 수 있는 가장 빠르고 할 수 있는 가장 효율적인 방법을 생각했습니다.

위에서 얘기한 대로 회사에 물건이 많으니까 특히 소유자가 없는 부동산 소유의 물건들을 쭉 살펴보면서 나름대로 괜찮은 매물이라고 생각되는 것들은 모두 다 전화 작업을 해서 권리금 깎는 작업을 했습니다.

여기서 짚고 넘어가야 할 포인트가 있습니다. 초보자인 제가 회사 물건들을 전화 작업을 하는데 어떻게 이 물건이 좋은 물건이라고 판단해서 전화했을까요? 회사 소유분의 물건들을 보면 물건정보가 있고 그중에 주소도 나와 있겠죠? 물건정보를 보면서(주소, 보증금, 월세, 권리금) 주소를 다음 지도로 확인하면서 내가 손님이라면 이 자리에 이 금액을 주고 들어가서 장사를 할까? 이런 생각을 했습니다. 여기서 일차적으로 구분이 됩니다. 너무 비싼 물건과 그렇지 않은 물건들… 그럼 만약에 여기서 그렇지 않은 물건들의 권리금을 더 깎을 수 있다면? 그렇다면 이건 팔릴 수 있는 물건이 되는 것입니다.

당시 저는 반드시 계약을 월평균 1건 이상 써야 한다는 간절한 마음이 있었으니 정말 열심히 전화 작업을 했었습니다. 그래서 나온 물건이 이 물건입니다. 저는 이 물건을 받았을 때 2주 안에 계약이 될 만한 물건이라고 판단했습니다.

왜냐하면, 제가 통화하기 전까지 권리금이 3,000만 원이었고(바닥권리) 3,000만 원이라는 돈은 당시 현 임차인이 10년 전에 주고 들어온 바닥권리였고 주변도 모두 시세만큼 거래가 되고 있었기 때문입니다. 참고로 2019년 6월 같은 라인에 있는 점포 두 개 중 한 개가 권리 8,500만 원에 나와 있습니다. 차후에 내용을 말씀드리겠지만 저는 여기를 권리 1,000만 원 입금가로 깎았습니다.

그럼 저는 이 물건의 수요자를 어떻게 찾았을까요? 당시 저도 생초보였기에 여기가 커피로 계약이 될 것이라는 생각조차 하지 못했습니다. 그냥 무조건 꼭 여기를 팔아야 한다는 생각밖에 없었습니다. 저는 당시 네이버 카페 중 한 곳에 다른 물건을 광고하고 있었고 방배동에 있는 치킨집으로 기억합니다(여기는 제 광고를 보고 직거래로 나갔습니다. 당시 저도 초보였기에 100% 사실 그대로 광고를 해서 뒷박을 맞은 겁니다). 방배동에 있는 치킨집을 보고 커피 손님이 연락이 왔고 점포 근처에서 만나서 보여줬습니다. 손님은 20대 후반의 남성이었고 커피 원두 납품회사의 직원이었습니다. 손님은 방배동 치킨집을 보고 마음에 들어 하지 않았습니다.

저는 이때가 3번째 손님이었고 앞서 두 번의 손님 중 첫 번째 손님은 연락이 끊긴 상황이었으며, 두 번째 손님은 까다로운 고객(이 고객은 한 달 후 자신이 찾은 점포를 직거래로 계약)이었습니다. 커피 손님이 진성인지 가성인지는 당시 제가 판단할 생각조차 해본 적도 없었고 그냥 놓치고 싶지 않아서 할 수 있는 최선의 방법을 총동원했습니다. 커피 점포에 대한 매출 컨설팅을 무료로 해준다고 얘기했고 감사하게도 손님은 저를 신뢰해 주면서 다음번에도 저에게 점포를 볼 기회를 주었습니다. 손님은 남성에 처음 창업을 하는 초보 창업자이었으니 매출분석 컨설팅을 무척 마음에 들어 했고 손님 입장에서도 좋은 제안이었다고 생각합니다. 저는 제가 가지고 있는 매물 중에서 커피전문점과 어울리는 점포를 찾기 시작했습니다. 순간 번뜩이는 매물이 바로 역삼동 8XX-XXX 물건입니다.

저는 고객에게 이 물건을 소개했는데 고객은 오히려 저한테 자기가 봐둔 물건이 있는데 여기는 어떠냐? 나는 여기를 들어가고 싶은데 건물주가 커피를 반대해서 못 들어가고 있다고 얘기를 했습니다. 저는 해당 점포를 직접 찾아가서 1층에 있는 미용실에 얘기해서 건물주 연락처를 받았습니다. 그리고 전화를 해서 커피를 줄 수 있냐고 물어보니 안된다고 합니다. 계속 설득해서 결국은 커피로 허락을 받았습니다. 고객은 두 개의 점포를 점심시간인 11시 반부터 2시까지 유동인구를 1주일간 체크한 뒤 제가 제안한 점포를 최종 선택했습니다.

이제 고객이 선택했으니 권리계약을 해야 할 차례가 됐습니다. 물건 임차인 쪽에는 권리 입금가격을 1,000만 원에 만들었습니다. 그리고 손님에게 브리핑을 1,700만 원에 했습니다. 그리고 200만 원을 깎아주고 실제 계약은 1,500에 쓰기로 했습니다.

당시 제가 했던 화법입니다.

"사장님, 임차인이 권리금을 1,700만 원까지는 해준다고 하는데 바로 오늘 계약하는 조건으로 200만 원을 더 낮춰 준다고 합니다. 가능하시겠습니까?" 이 화법은 아무 때나 쓰는 게 아닙니다. 고객도 마음에 들어 하고 계약 직전까지 왔을 때 계약을 오늘 바로 쓰기 위한 클로징 화법입니다. 이 말은 누가 제게 가르쳐준 게 아니라 혼자서 모든 상황을 진행하면서 이때 처음으로 권리인정작업을 하고 계약을 빨리 써야 하므로 스스로 터득한 화법입니다. 그리고 계약 당일 저는 매우 중요한 실수를 했다는 것을 깨달았습니다. 그 실수는 과연 무엇이었을까요?

그 실수는 바로 권리 계약서를 쓰는 순간 임차인과 손님 모두 다같이 앉아 있는 테이블에서 임차인이 '내가 받는 권리금은 1,000이다.'라는 말을 해버린 것입니다. 저는 순간 '계약 깨졌구나!'라는 생각이 들었고 손님과 그의 가족이 저를 쳐다봤던 눈빛이 아직도 생생합니다. 그때 분위기가 바로 바뀌자 임차인이 자기가 수습을 했습니다. "내가 받는 돈은 1,000만 원이지만 권리계약은 1,500에 쓰는 게 맞다. 내가 수수료를 500만 원 주기로 한 것이다." 이렇게 임차인 스스로가 강력하게 얘기를 해서 계약은 순조롭게 쓸 수 있었습니다. 아무튼, 저는 이 계약을 통해서 큰 실수를 했음을 깨달았습니다. 큰 실수는 바로 단속(부동산에서는 '임차인 단도리'라고 합니다)입니다. 임차인이 자기가 받는 금액을 손님에게 절대로 얘기하면 안 됩니다. 이성적으로 이해를 하더라도 손님 입장에서는 자기가 수수료를 두 번 주는 것 같이 생각할 수 있으며, 손님이 수수료를 줄 때 제대로 받지 못할 확률이 높습니다. 그리고 부동산 수수료가 많으면 계약이 깨질 수도 있습니다. 단속(단도리)할 때는 반드시 말을 해서 임차인에게 확답을 얻어야 합니다.

"사장님 혹시라도 사장님이 받는 권리 입금액을 임차인에게 절대로 얘기하시면 안 됩니다."

"그렇게 되면 부동산 수수료가 알려지니 제 입장이 곤란해집니다."

"이런 경우는 계약이 깨질 수 있습니다."

"사장님은 실제로 권리계약 쓰는 금액이 사장님의 실제 권리금인 겁니다."

그리고 이번 건은 권리금을 아주 많이 낮춰줬는데 이유는 만기가 2주도 안 남은 상태에서 제가 전화를 한 것이고 운이 좋게도 제 손님이 여기를 만기 3일을 남기고 선택해서 권리계약이 성사되었습니다. 2주 만에 나온 첫 계약은 저에게 큰 자신감을 주었고 처음으로 권리인정작업을 하면서 느낀 그 두근거림은 지금도 잊을 수가 없습니다.

계약정리
• 권리인정 작업할 때는 단속(단도리)을 잘하자.

02
실전 리뷰2
월세 1,470만 원 점포 양타 계약

2017년 5월에 쓴 계약을 소개하겠습니다.

제가 쓴 계약 중에서는 중개 보수가 가장 큰 금액이라서 기억에 남는 계약입니다. 2016년 12월 모 프랜차이즈 본부장을 통해서 소개를 받은 고객입니다. 손님은 신발브랜드 법인이고 강남에서 안테나 숍을 찾고 있으며 실 평수 50평대 매장을 찾고 있다고 했습니다. 그리고 50평가량의 본사 사무실도 필요하다고 했습니다. 한 건물에서 1층은 매장으로 쓰고 본사 사무실도 같은 건물에 있는 것을 가장 선호한다고 얘기를 했습니다. 아마 프랜차이즈 본부장님과 소개받은 곳 부사장님이 고향 선후배 사이인 듯했습니다. 저는 명함을 받았고, 다음 날 통화를 해서 미팅 일자를 잡고 법인 사무실을 방문했습니다. 손님 회사는 양재동에 있었고 소개를 받은 부사장님과 미팅을 했습니다. 부산에서 시작한 회사이며 이제 시작하는 회사이고 현재 예비 점주들이 50명 정도 대기 중이라는 말로 회사소개를 받았습니다. 그리고 자신들이 원하는 건 역시 하나의 건물에서 1층은 매장으로 그리고 다른 층을 사무실로 쓰기를 원한다고 얘기를 했습니다. 본사 차원에서 지속적인 점포개발이 필요하다고 하니 저한테는 기회가 될 수도 있다는 생각이 들었습니다.

당시 2017년 3월에는 안테나매장과 사무실 이전을 반드시 해야 한다고 하니(계약만기) 저는 이 건을 최우선으로 생각해서 점포와 사무실을 찾기 시작했습니다. 실무 담당자와 지속적으로 연락하면서 점포를 소개하던 중 3개월간 현재 사무실 임차기간이 연장되어서 4월에는, 늦어도 5월 초에는 이전을 해야 한다는 말을 들었습니다. 이 말을 들은 시점은 1월입니다.

한 달 동안 꾸준하게 시간을 들여서 점포를 보내주고 노력했는데 이전 시기가 연기되니 괜히 힘이 푹 빠졌습니다. 그리고 내가 뜬구름 잡는 건 아닐까? 괜히 시간 낭비하는 건 아닐까 하는 생각이 들었습니다. 그래서 한동안 손을 놓았습니다. '결정하는 시점이 5월쯤이라 하니 3월 말쯤부터 해보지'라고 생각했습니다.

저는 3월 말까지 종종 전화와 문자를 하면서 지내긴 했는데, 실무자가 예전처럼 바로바로 통화연결 또는 답문을 주지는 않았습니다. 제 예감에는 타 부동산이 끼어들었을 거라 생각을 했는데… 역시 진행을 하면서 알게 된 사실이지만 타 부동산을 통해서 소개를 받고 물건을 보고 있었습니다. 그렇다고 제가 손님 쪽 실무자에게 실수해서 그런 것이 아니라 업체 손님 입장에서는 여러 루트를 통해서 많은 물건을 보는 게 당연하다고 생각합니다.

이건 제가 받아들여야 하는 부분이고 경쟁에서 이기고 결국 계약 쓰는 사람만 성공보수를 받으니 당연하게 받아들였습니다.

계약 만기가 임박한 업체에서 물건을 나를 통해서 보고 있다면 다른 곳을 통해서 물건을 보지 않도록 해야 합니다. 나 말고 다른 곳을 통해서 물건을 보지 말라고 말하는 것은 특별한 관계가 있다면 농담 조로 말을 할 수 있겠지만 그렇지 않다면 다른 부동산을 통해서 볼 시간 여유를 주지 않으면 됩니다. 그리고 여기에 더하여 강남구의 경우 공실 클럽이 현재 나온 물건 중에서 90% 정도는 잡아주니 내가 보여주는 것이 다른 곳을 봐도 똑같다는 얘기를 해도 괜찮습니다.

저는 4월 초부터 손님에게 올인했습니다. 공실 클럽을 통해서 손님이 원하는 조건의 물건을 모두 보여주는 것은 물론이고 직접 나가서 물건을 찾기도 했습니다. 마침 나온 지 얼마 안 된 물건이 제 눈에 들어왔습니다.

강남대로 언더XX 매장이 그 자리였습니다. 언더XX는 점포를 더 늘려서 강남역 방향 대형점포로 이전을 했고 현재는 그 자리가 공실로 나온 것이었습니다. 제 손님은 신발브랜드에 스포츠의류를 생산하는 브랜드라서 언더XX가 있던 자리와 궁합이 아주 잘 맞았습니다. 손님은 너무나 마음에 들어 했고 그 이후에는 계약이 신속하게 이루어졌습니다. 1층 2층, 두 개 층을 쓰는 조건으로 보증금 2억, 월세 1,470만, 관리비 250만 원 별도였습니다.

계약정리

- 손님을 처음 만난 시점부터 계약할 때까지 진행해 온 기간은 6개월입니다. 월세 1,000만 원대와 월세 100만 원대와의 난이도는 비슷합니다(고객 마음에 들면 계약입니다).
- 업체에서 얘기하는 입점 시기는 거의 지연됩니다.
- 업체에서 다른 부동산을 통해서 보지 못하도록 시간 여유를 주지 말고 최선을 다 해야 합니다.
- 공실 클럽에 나오지 않은(시장에 나온 지 얼마 안 된 물건) 물건도 찾아야 합니다.
- 큰 업체나 큰 수요자만 찾는 방법도 있습니다(월세가 1,000만 원 이상인 것만 광고하면 됩니다).

제가 이 계약을 쓰면서 힘들었던 점은 진행 지연으로 시간 낭비를 하는 건 아닌가? 하는 불안감을 극복하는 것이었습니다. 월세가 높다고 해서 계약 과정이 어려운 게 아니라 큰 물건에 대한 수요자가 많지 않은 것이 현실입니다.

03

실전 리뷰3
첫 프랜차이즈 계약

이번에 소개하는 계약 건은 제가 처음 계약한 프랜차이즈 계약이고 드물게 로드 숍 명함작업을 해서 계약한 점포이기도 합니다. 점포의 위치는 암사역 2번 출구 초입이고 개인 마트였으며 2017년 4월에 나온 계약입니다. 최초의 물건확보는 2016년 12월이었고 모 프랜차이즈의 요청으로 암사역 주변 일대에 명함작업을 했었습니다. 원래 요청했던 모 프랜차이즈는 지인인데도 지금까지 단 한 건도 계약 성공을 못 했습니다. 프랜차이즈에 대해서는 할 말이 많은데, 나중에 또 다른 기회가 있을 겁니다. 암사역 2번 출구 앞에 있는 개인 마트인데, 10년 전부터 개인 마트로 운영 중인 곳이라 아마 2008년보다 훨씬 이전부터 자리 잡았다고 생각됩니다.

처음에는 권리 3,500에 나온 물건이었습니다. 보증금 2,000, 월 200, 관 12, 권 3,500으로 기억합니다. 월평균 순수익 250~350만 원 정도 꾸준하게 가져가는 개인 마트였고, 당시에도 권리가 괜찮다는 느낌을 받아서 열심히 광고했었습니다. 아무튼, 당시에는 반응이 별로 없었고, 전화문의도 2통 정도만 왔던 것 같습니다. 참고로 저는 1층 로드 부동산이 아닙니다. 지역 부동산도 아니고요. 3층 합동사무실에서 창업한 부동산입니다. 그래서 성향 좋은 진성손님 만나기가 어렵습니다. 암튼 3월쯤 마트 주인에게서 연락이 옵니다. 권리금을 2,000에 해 줄 테니 빨리 빼달라고 합니다. 저는 이 점포를 편의점으로 진행해보기로 합니다. 저는 위드미 편의점에 전화해서 담당자 연락처를 알아냈고 전화를 해서 점포를 토스합니다.

지금은 이마트 24이지만 당시에는 위드미였습니다. 그럼 저는 왜 이마트 24를 선택했는가? 하면 이곳 주위에 들어갈 만한 편의점 브랜드가 이마트 24밖에 없었기 때문입니다. 나머지는 모두 거리 제한에 걸렸습니다. 이마트 24 직원이 말하기를 이 점포를 알고 있다고 합니다. 저는 이 말을 듣는 순간 무척 초조해졌습니다. 이거 내가 토스했는데 알고 있다고 하니 할 말이 없는 겁니다. 여기서 저는 순간 번득이듯이 아이디어가 생각났습니다.

"과장님, 이 물건 언제 받으셨어요?" "과장님이 알고 계시는 권리금과 제가 알려드리는 권리금이 다를 겁니다." "현재 권리금은 2,500만 원입니다." 여기서 저는 2,500만 원으로 얘기를 합니다. 왜냐하면, 마트 주인이 받고 싶어 하는 금액이 2,000만 원이니 수수료를 생각해서 2,500을 부른 겁니다. 역시나 편의점 담당 직원이 알고 있는 권리금은 4,000만 원입니다. 권리가 떨어지니 편의점 담당직원 태도가 바뀝니다. 담배권 매출이랑 총매출을 보여 달라고 합니다. 저는 직접 방문하여 포스 매출을 찍은 사진을 편의점 담당직원에게 보내주었습니다.

그동안 편의점 지역담당자가 바뀌었습니다. 생각해보니 편의점 담당자는 굉장히 자주 바뀌는 것 같습니다. 아무튼, 현재 담당자와 통화를 하고 미팅을 하면서 진행합니다. 결국, 권리계약을 2,000만 원에 쓰기로 구두상 합의를 하지만 역시 100만 원을 빼달라고 합니다. 그래서 최종적으로는 1900만 원에 쓰기로 합니다. 이번 계약을 통해서 제 실력이 일취월장했습니다. 참고로 저는 그 누구의 코치도 지도도 없이 혼자서 상가 양타 계약을 2018년 6월 기준으로 18건(단타 6건 별도 있음)을 쓰면서 내공을 키워온 케이스입니다. 저는 최종계약 쓰기 직전에 항상 생각해왔던 것을 진행합니다. 즉 권리계약 쓰기 직전에 권리금을 낮춰달라고 요청을 하게 된 겁니다. 그런데 이게 항상 다 통하는 게 아니라 사람을 봐가면서 해야 합니다. 사람 중에도 독한 사람이 있고 쿨한 사람도 있습니다. 다행히도 마트 사장님은 쿨한 분이셔서 권리금을 최종권리계약 직전에 많이 깎아주셨습니다.

그럼 저는 어떠한 방법으로 권리금을 깎아달라고 했을까요?

계약정리

- 최종계약 직전이 권리금을 깎는 최고의 타이밍이다.

04

실전 리뷰4
손님에게 배운 월세 50만 원짜리 계약

이번에 소개하는 계약 건은 서울 중랑구 묵동에 있는 월세가 50만 원인 브랜드 치킨집의 양도양수입니다. 이 건을 소개해 드리는 이유는 월세가 50만 원이기 때문입니다. 보통 월세가 낮으면 중개 보수가 얼마 안 된다는 이유로 하찮게 생각할 수 있는 물건인데요. 권리금이 있어서 꼭 그렇지 않다는 것을 말씀드리기 위해서입니다. 권리계약은 2,100만 원에 썼고 권리 입금가격은 1,500만 원입니다. 손님 수수료는 별도로 있고요, 즉 물건 쪽에서만 600만을 받은 겁니다. 그럼 이건은 어떻게 진행이 됐는지 말씀드리겠습니다.

처음 손님 유입은 '깔세 닷컴'이었습니다. 저는 당시 초보였기에 이곳저곳 광고하고 있었고 '깔세 닷컴'에 올린 제 광고를 보고 손님 문의가 왔었습니다. 손님은 50대 중반의 여성이었고 의류 소매시장에서 크게 한번 말아먹고 나와서 자금이 별로 없다고 했습니다. 손님은 업종이 정해진 게 아니라 점포에 따라서 업종을 선택하는 유형이었습니다. 그리고 프랜차이즈를 선호하는 분이었습니다. 저는 당시 초보였기 때문에 물건 보는 눈이나 상권 입지분석을 고객이 원하는 만큼 해주지 못하는 상황이었습니다. 하지만 저는 고객을 놓치지 않으려고 정말 최선을 다했습니다. 그럼 저는 어떠한 최선을 다했을까요?

계약이 나오려면 고객이 원하는 마음에 드는 물건을 소개해 줘야 하는데 경험이 별로 없으니 고객에게 질문을 많이 했습니다. 우선 물건을 보여주고 여기는 왜 마음에 안 드는지 그럼 그 이유는 무엇인지? 아주 상세하게 요청드렸습니다. 그럼 모든 고객이 저한테 친절하게 모든 답변을 다 해줄까요? 절대로 그렇지 않습니다. 우선 이분은 여성 고객이었고 원하는 답변을 받을 수 있도록 분위기를 편하게 만들었습니다. 내가 먼저 상대방에게 잘해준다면 상대방도 나에게 특별히 안 좋은 감정이 없는 이상 호의적으로 대하게 됩니다. 또한, 상대방은 50대 중반의 여성이었고 대화를 해보니 오래전에 이혼하고 애 둘을 키운 여성이었습니다. 저 같은 경우는 손님과 대화를 하면 사람의 말투, 외모, 화장, 옷차림, 태도 등을 나름대로 판단해서 그에 맞도록 행동합니다. 고객을 처음 만나러 갔을 때도 제가 직접 제 차로 고객의 집까지 모시러 가서 태우고 물건을 보러 다녔습니다. 그리고 마치 또래 여성과 소개팅하듯이 매너 있게 행동하고 고객에게 칭찬과 질문을 많이 해서 말을 많이 들어줬습니다. 감성을 터치한 셈이죠. 그렇게 물건을 보러 가는 동안 10분에서 20분 정도 이런저런 대화를 하면서 상대방을 말을 들어주고 칭찬을 해주었으니 물건이 마음에 안 들었더라도 제 질문에 대해서 성의있게 대답해줄 것을 기대했습니다. 이렇게 고객에게 물건을 3차례 보여주면서 저는 손님한테 정말 많은 것을 배울 수 있었습니다. 한 번에 3개가 아니라 3주 동안 총 3회의 미팅을 했었습니다. 손님은 자영업을 여러 차례 경험했으며 실패와 성공을 모두 경험한 분이었습니다. 이러한 분의 날카로운 안목은 제가 자영업자의 관점에서 상권과 입지를 볼 수 있게 해준 어찌 보면 초보자였을 때니 저는 귀인을 만난 것과 같다고 말할 수 있을 정도입니다. 어찌 됐든 저는 총 3주간 1주일에 한 번씩 물건을 보여줬는데 손님은 끝내 마음에 드는 점포가 없어서 진행이 지체되었습니다.

저는 계속 통화를 하면서 고객의 동향을 살폈습니다. 손님은 반드시 2017년 1월에는 창업을 하고 싶어 했기에 타 부동산을 통해서라도 창업을 할 손님이었고, 어찌 됐든 놓치고 싶지 않아서 제가 끈질기게 매달렸습니다. 이렇게 손님과 통화를 하던 중 손님이 자신이 본 점포가 점포라인에 나와 있는데 여기 한번 검토해달라고 요청하셨습니다. 저는 이때 손님에게 점포라인을 소개받고 이때부터 본격적으로 점포라인을 활용하기 시작합니다. 손님이 찍어준 점포는 터무니없이 비싼 점포였고 저는 이곳은 들어가지 않는 게 좋을 것 같다고 얘기를 해드렸습니다. 그렇게 저는 점포라인을 통해서 다른 손님에게 소개할 점포를 찾던 중 괜찮은 매물을 발견하게 됩니다. 바로 bXX 묵동점이었습니다. 당시 bXX는 j로 시작하는 여배우를 cf 모델로 해서 치고 나가는, 치킨 브랜드에서 가장 핫한 브랜드로 유명했습니다. 월세가 50만 원에 월 매출도 잘 나오니 권리만 조금 조정된다면 내일이라도 바로 거래가 될 것 같은 물건이었습니다. 손님 집에서도 가까워서 즉시 주인을 만나서 권리 협상을 했고 손님에게 소개를 해주니 손님 반응도 좋았습니다(핫한 브랜드 유명세의 영향력이라고 생각합

니다). 덕분에 권리계약과 임대차 계약까지 빠르고 순조롭게 진행할
수 있었습니다.

계약정리

- 점포라인을 활용하자.
- 월세 50만 원짜리도 중개 보수 500만 원 충분히 가능하다.
- 손님은 나의 스승이다.
- 여성 고객은 감성 터치를 해야 한다.

05

상권과 입지를
제대로 파악하는 방법

상권과 입지를 파악하는 이유는 '현재의 점포에서 어떠한 업종이 들어올 때 장사가 가장 잘될 것인가?'를 알아내기 위함입니다. 현재 내놓은 점포는 장사가 잘 되지 않아서 나온 이유가 대부분을 차지합니다. 보통은 업종이 바뀌는 형태로 거래가 되는데요, 최적의 업종을 알아내는 것은 고객이 원하는 업종에 꼭 맞는 점포를 소개해주는 역할을 하므로 이것을 정확하게 볼 수 있는 사람은 많은 계약을 쓸 수 있습니다. 즉 고객 마음에 드는 점포를 소개해주는 것이 부동산중개인의 능력입니다.

직접 체크

아침 출근 시간, 점심시간, 저녁 시간 유동인구를 체크하고, 주변에 어떠한 업종이 장사가 잘되는지 그리고 그 업종과 함께 2차 소비가 가능한 업종은 무엇인지 생각해봅니다. 어떠한 업종이 장사가 엄청 잘된다면 경쟁업종도 생각해보셔야 합니다. 장사가 잘되는지 여부는 카드결제를 하면서 영수증을 받게 되는데 카드승인번호를 통해 확인해 볼 수 있습니다(나오지 않는 것도 있음). 일주일이 지난 시점에서의 카드승인번호는 일주일 전보다 많을 것입니다. 예상 객 단가를 적용하여 일주일간의 매출을 그리고 어림잡아 월 매출과 연 매출을 예상해 볼 수 있습니다.

현재 상권에 없는 업종은 무엇인지?

주변의 배후 주거 인구수와 오피스 인구수를 확인하고 이들이 외식할 때 어느 지역으로 가서 소비하는지? 오피스 인구는 어디서 점심 소비를 하는지? 점심과 저녁 시간에 가장 장사가 잘되는 점포가 눈에 들어올 겁니다. 그럼 그 업종과 겹치지 않으면서 해당 상권에 없는 업종을 생각해보시면 됩니다. 물론 점포의 컨디션과 평수를 고려해서 업종을 선택해야 합니다.

기존임차인에게 물어보는 방법

확실한 정보입니다. 현재 상권에서 장사를 직접 한 사람이기 때문에 의견을 반드시 물어보고 내가 생각한 업종과 비교해 보면서 검증하셔야 합니다. 기존임차인에게 물어보는 방법을 통해 손님들이 어디에서 오는지? 추천업종에 대한 이유는 무엇인지? 하나하나 물어보면서 자영업자 시각에서 상권과 입지 보는 방법을 배우게 됩니다.

로드뷰를 통한 업종 체크

다음 로드뷰를 통해 과거 10년 동안 어떠한 업종이 있었는지 확인해 봅니다. 입지가 별로 좋지 않은 가지 상권의 경우, 3년 이하로 업종이 바뀌는 경우가 많습니다. 내가 생각한 최적의 업종이 재미를 보지 못한 업종일 수도 있으니 반드시 점검하셔야 합니다. 이 방법은 고객이 두 개의 점포를 고민할 때 강력한 클로징을 할 수 있는 방법이기도 합니다. 상가중개영업에서 고객의 판단이 가장 중요한데, 내가 상권과 입지를 볼 줄 알고 고객의 콘셉트와 업종에 맞는 점포를 추천해 줘야 고객과의 2차 3차 미팅이 이루어집니다. 만약 열정만 있는 초짜가 고객에게 점포 10개를 소개해준다고 했을 때 고객이 검토해볼 만한 점포를 소개해 줘야지, 검토조차 할 수 없는 조건을 소개해준다면 고객은 '이건 뭐지? 상가 전문중개업자 맞나?'라고 생각하고 연락이 두절될 가능성이 높아집니다.

06

권리금이란
무엇인가?

    권리금의 경우 점포 컨디션(시설권리) 및 바닥권리, 영업권리에 따라 최초 시작하는 권리금이 모두 다르고 현 임차인의 개인 사정에 따라서 가격이 최종 결정되기 때문에 개별 케이스마다 전부 다 다릅니다. 따라서 종목별로 거래가 되는 정해진 금액은 없습니다.

    모든 업종에 통용되는 것으로 권리에는 바닥권리, 영업권리, 시설권리로 나누어 볼 수 있습니다. 동네 상권, 가지 상권이라도 바닥권리가 있는 곳은 500~1,000만 정도는 형성되어 있고 지역을 대표하는 상권이거나 역세권 상권 같은 경우는 보통 1억 이하에서 시세가 형성되어 있다고 보시면 됩니다. 시세는 가장 최근에 거래된 주변 사례를 얘기합니다. 업종을 불문하고 시장이 형성된 곳에는 시세라는 게 있는 것처럼 상권이 형성된 지역은 모두 바닥권리가 있다고 생각하시면 됩니다. 즉 현재 임차인의 전 임차인 그 전전 임차인도 바닥 권리금이라는 명목으로 돈을 주고 들어왔습니다. 구체적인 예를 들자면 어떠한 아파트 단지에서 한강 뷰가 보이는 아파트와 그렇지 않은 아파트와의 가격 차이(프리미엄)처럼 명동, 강남역, 홍대, 건대 상권에서 기본적인 유동인구와 주변 점포들의 소비 여력에 의한 상권과 입지의 인구 흡인력에 대한 대가 또는 대가의 차이라고 생각하시면 되겠습니다.

영업권리는 현재의 임차인이 자신의 점포를 내놓을 때 최근 1년간의 월평균수익에서 10개월 치를 곱하여 산정하는 권리금을 말합니다. 보통 시장에서 말하는 영업권리이지만, 양도양수로 진행할 때 적용할 수 있습니다. 즉 업종이 변경될 때 새로운 임차인에게 영업권리는 의미가 없다는 뜻입니다. 하지만 현재 점포를 내놓은 임차인 입장에서 영업권리를 보장받지 않는다면 거래를 하지 않으려 하므로 업종이 바뀌는 상황에서 현재의 매출은 무의미하니 영업권리를 할인해주는 것이 시장에서 통용되는 거래방법입니다. 이때 영업권리를 논리적으로 적용할 수 있는 방법은 오토 매장(관리형 매장)으로 돌렸을 때 1년간 월평균 순수익의 10개월 치를 곱하는 것입니다. 즉 현재 임차인의 순수익에서 자신의 인건비를 뺀 금액이 오토 매장의 순수익입니다. 그럼 만약 현재의 순수익이 임차인의 인건비 정도밖에 나오지 않는 경우라면(장사가 잘 안되는 경우) 영업권리는 없는 거로 해야 하며, 시설권리와 바닥권리도 함께 할인해서 권리금을 조정해야 합니다. 권리 조정이 안된다면 이러한 점포는 상가중개 시장에서 경쟁력이 없는 점포가 됩니다. 왜냐하면, 신규 임차인 입장에서 비싼 돈을 주고 창업을 하는데 월 순수익이 한 명 인건비 밖에 나오지 않는다면 처다보지도 않기 때문입니다. 이런 경우는 금액적인 메리트가 있는 저렴한 급매물이 아니라면 거래가 어렵습니다. 반면 상권과 입지가 객관적으로 봐도 너무 좋은데 월 순수익이 인건비 정도로 나온다면 이건 업주의 개인적인 문제로 장사가 안되는 것입니다. 이런 경우는 바닥권리 정도는 시세대로 받을 수 있습니다. 하지만 보통 매출이 잘 안 나오는(죽은 점포) 점포는 경쟁력 있는 권리금을 받기 어려운 게 현실입니다.

시설권리는 해당 점포를 최초에 오픈했을 때 발생한 시설비를 말합니다. 실내, 실외, 바닥 포함 인테리어 전부, 주방시설 집기, 내외부 시설 용품 등 점포 구매비용을 제외한 모든 비용을 말합니다. 보통 감가상각을 5년으로 잡고 계산합니다. 20평 규모의 커피전문점을 창업했고 점포 비용을 제외한 총 시설 집기 비용이 5,000만 원이라고 가정하면 1년에 1,000만 원씩 감가상각을 적용해서 3년 차에 가게를 내놨다면 시설 집기의 잔여분 2,000만 원을 현재 시점에서 시설권리로 계산할 수 있습니다. 하지만 이것도 매출이 어느 정도는 나오고 경쟁력 있는 점포로써 양도양수를 할 때 의미가 있는 것이며 보통은 업종이 변경되기 때문에 논리보다 더 할인된 금액으로 권리금이 깎여서 거래가 이루어진다고 보시면 됩니다.

실제 거래에서 모든 임차인은 이렇게 바닥권리, 영업권리, 시설권리로 따져서 점포를 내놓지 않습니다. 그리고 점포를 내놓을 때 책정되는 권리금은 임차인 마음입니다. 처음에는 받고 싶은 금액으로 시작하고 점점 가격이 하락하는 것이 일반적인 과정입니다. 보통은 임차인들이 점포를 내놓을 때 장사가 어느 정도 되는 정상적인 점포라면(점주의 인건비 이상 수익이 나는) 최소한 창업할 때 들어간 총비용만큼 받고 싶어 하는 심리가 있습니다. 이 금액이 임차인이 생각한 최초의 권리금 시작 가격이라고 보시면 됩니다. 그다음에는 주변 부동산에 물건의뢰를 맡기면서 얼마를 받으면 좋을지 물어보는데 이미 자기가 받고 싶은 금액에 대한 답은 정해져 있다고 보시면 됩니다.

처음 창업을 해서 3개월 정도를 열심히 했는데 기대만큼 매출 증가가 안 되는 곳이라고 판단되면 자신이 들어간 비용만큼만 받겠다고 하면서 물건을 내놓는 임차인들이 있습니다. 자신이 들어간 시설 집기 비용에서 시작해서 점점 내려가는 경우입니다.

TIP

정리

- 우리의 목적 : 임차인이 원하는 권리금을 들은 다음에 이 권리금이 적정한지를 판단하고 적정한 금액보다 최대한 많이 낮추는 것
- 임차인이 요구하는 권리금 확인
- 권리금이 적당한지를 판단
  - 최초에 들어간 권리금 및 시설비가 어떻게 되는지?
  - 영업 몇 년 차인지 확인
  - 권리금을 산정(바닥권리, 영업권리, 시설권리로 나누어서 확인)
  - 양도양수인 경우(프랜차이즈 및 특수 상권) 기존에 주고 들어온 총 권리금에서 바닥권리, 영업권리, 시설권리로 구분하여 현재의 매출을 기준으로 영업권리를 적용하고 시설권리는 감가상각을 적용하여 계산한다.
- 권리금을 낮춘다(권리금을 낮추기 위해 현재 임차인의 심리상태를 파악하여 제안하는 방법을 사용).

07

권리 인정작업에 대하여
(순가 중개계약)

보통 상가중개에서는 순가 중개계약을 많이 사용합니다. 이것을 부동산 관점에서 보면 권리인정작업이라고 하기도 하고 임차인 관점에서는 '내 손에 권리금 얼마를 주고 수수료는 알아서 가져가'라고 얘기를 하는 것입니다.

중개업 법에 나와있는 순가중개계약의 의미입니다(공인중개사의 업무 및 부동산 거래신고에 관한 법률).

> 매도가격을 미리 정하여 중개업자에게 제시하고, 이를 초과한 가격으로 매도한 경우 그 초과액을 중개업자가 보수로 획득하는 방법을 말한다. 중개 보수(仲介報酬)가 지나치게 과다해지거나 중개업자가 개인수입을 올리기 위해 의뢰인에게 불리한 조처를 하는 수도 있어, 이 의뢰계약은 통상적으로 윤리규정(Code of Ethics)이나 법으로 금지되고 있다. 우리의 경우 중개업법에는 금지행위) 조항을 두어 "수수료나 실비를 초과하는 금품, 사례·증여, 기타 어떤 명목으로라도 금품을 받

는 행위를 하여서는 안 된다"고 하여 사실상 순가 중개계약을 금지하고 있다. 일본도 마찬가지로 이 계약은 법으로 금지하고 있다(택지건물 거래업법 제46조). 근거 법은 공인중개사의 업무 및 부동산 거래신고에 관한 법률이다.

보시는 대로 순가 중개계약은 법으로 금지되어 있습니다. 하지만 상가중개영업에서는 빈번하게 발생하고 있습니다. 왜 그럴까요?

권리인정작업 초보자는 어떻게 받아야 들여야 하는가?

상가중개에서 권리인정작업은 아주 빈번하게 발생합니다. 결론부터 말씀드리면 상가중개에서 권리인정작업은 불법이 아닙니다. 상가중개(현재 업을 운영하는 점포 임대차 계약)에는 권리금이라는 게 있습니다. 이것은 임차인이 받기를 희망하는 금원으로 상가중개계약을 했을 때 중개인이 청구할 수 있는 법정 중개 보수와는 별개의 금원입니다. 참고로 법정 중개 보수를 청구할 대상은 점포의 보증금과 월 임대료를 환산한 환산보증금에 요율을 적용하여 법정 중개 보수를 책정합니다. 그럼 상가중개인은 상가중개계약을 했을 때 일반중개와 같이 점포 임대 건에 관하여 법정 중개 보수를 받을 권리가 있고, 점포 임차인이 원하는 권리금을 받아주었으니 이에 대한 성공보수를 사전에 협의해서 받을 수 있다고 말할 수 있습니다(권리금은 중개대상물이 아니므로 중개보수료율을 적용하지 않습니다).

현실에서의 거래

보통 상가중개에서 보통은 이렇게 두 번의 비용을 청구하거나 주지 않습니다. 이렇게 청구하면 임차인 입장에서 중개 보수를 두 번 주는 꼴이니 너무 큰 비용을 지불한다는 느낌이 듭니다. 임차인은 권리금 회수가 점포 거래의 가장 중요한 목적이고 자신의 권리금을 보호하기 위해서 권리금을 얼마를 받아주고(자신이 원하는 금액) 중개 보수는 알아서 능력껏 가져가라는 방법을 선호합니다. 이렇게 해야 임차인 본인은 실리와 명분을 모두 챙길 수 있습니다. 어떻게 보면 권리인정작업은 부동산 입장보다는 임차인의 편의를 위한 방법이라고 생각하시면 됩니다. 실제 시장에서도 임차인은 이 방법을 더 선호합니다.

상가중개영업 초보자 입장에서 권리인정작업은 임차인을 배려하는 방법입니다. 그러니 어떠한 양심의 가책이나 도덕적인 문제가 될 수 없으니 이 방법을 사용하시면 됩니다.

참고로 상가 임대차 보호법도 임차인에게 유리한 쪽으로 가고 있습니다(10년간 계약갱신청구권 인정, 권리금 인정). 임차인이 원하는 권리금을 받아주는 역할을 하는 게 우리 상가 전문부동산입니다.

상가를 하지 않은 중개업자는 상가중개인을 사기꾼이라고도 합니다.

권리인정작업을 통한 상가중개를 접해 보지 않은 중개업자들, 주거를 전문으로 하는 부동산들, 법정 중개 보수만을 받아본 중개업자가 하는 말입니다. 잘 몰라서 하는 말이고 상가 전문부동산에 대한 폐쇄성과 시장진입이 어려우니 약간의 자조 섞인 부러움으로 생각하시면 됩니다. 현실에서 그들은 상가중개영업을 무척 배우고 싶지만 배울 곳이 별로 없고 배우려면 바닥부터 시작해야 함을 스스로 잘 알기에 쉽게 도전하지 않는다고 생각합니다.

점포 거래 유경험자

점포 거래 유경험자는 권리인정계약을 더 선호합니다.

점포 거래 무경험자

점포 거래 무경험자는 권리인정계약을 잘 모르고 설명하려면 시간이 필요하고 받아들이는 게 부정적일 수 있습니다. 이런 경우는 원칙대로 중개 보수를 두 번으로 받아야 한다고 설명하시면 됩니다. 사실 우리 입장에서도 법정 중개 보수와 권리금에 대한 성공보수를 따로 받는 게 깔끔하고 더 유리합니다. 이 정도면 보통 권리인정작업을 통해서 나오는 수수료와 견주어도 부족하지 않습니다. 권리금에 대한 성공보수는 보통 10% 이내입니다(10%를 불러야 5% 이상을 받을 수 있습니다).

권리 인정작업에 대하여

(1) 물건작업
(2) 진행
(3) 권리인정작업의 적용
(4) 단도리 및 계약 직전 다시 한번 낮추기

(1) 물건작업

물건작업을 하면서 대략 얼마 정도까지 권리가 떨어질지를 파악합니다. 상가중개영업에서 권리금은 나의 수수료와 직결됩니다. 또한,

권리가 낮아야 손님에게 매력 있는 물건으로 보여집니다.

(2) 진행

진행한다는 의미는 손님이 점포를 마음에 들어 해서 거래를 진행할 의향이 있는 것을 말합니다. 부동산의 역할은 보증금과 월세를 조정하는 것과 권리금을 조정하는 역할입니다. 상권과 입지는 바꿀 수 없습니다.

(3) 권리인정작업의 적용

권리인정작업을 통해서 진행하는 것과 수수료를 두 번 받는 것을 따져서 유리한 쪽으로 진행합니다. 내게 유리한 쪽으로 제안하고 임차인이 그것을 받아들이지 않으면 원칙대로 수수료 두 번 받는 쪽으로 갑니다. 임차인이 상가중개거래의 경험이 있다면 먼저 제안을 할 것이고 그렇지 않다면 내가 상가중개거래를 먼저 이해시키고 내가 받을 수수료를 인지시킨 다음에 선택하게 합니다(보통 인정작업을 택하게 됩니다). 또한 이러한 일련의 과정을 거쳤다면 기본적인 단속 (단도리)은 되어있습니다.

08

물건작업 TA 전화 작업
스크립트 및 해설

(1) 일간 지역정보지, 인터넷커뮤니티(네이버 카페)

나: "안녕하세요. (일간 지역정보지, 인터넷커뮤니티) 보고 전화 드
   렸습니다." "점포계약이 되었나요?"
점포주인: "나갔습니다." "아직 있습니다."

나: "네 저는 부동산에서 전화를 드렸는데요." "제가 손님을 좀 소
   개해드려도 괜찮을까요?"
점포주인: "아니오."

'아니오'는 부동산을 통한 거래를 할 생각이 없는 것이니 패스하고
다른 곳으로 전화하면 됩니다.

상가중개영업 실무. 이 책 한 권이면 끝

나: "주소를 불러주시겠어요?"

다음 지도를 보고 주소를 확인해서 대략 상권과 입지를 파악합니다.

나: "저는 상가 전문부동산이라 손님이 많이 있는데요." "손님에게 맞는 물건을 소개해 드리려면 제가 몇 가지 정보를 여쭈어봐야 하는데 5분 정도 통화 괜찮으시죠?"

나: "점포를 내놓으신 지는 얼마나 되셨어요?"

내놓은 지 오래됐다면 권리금이 인하될 가능성이 크므로 물어봅니다.

나: "왜 내놓으셨는지 여쭈어보아도 될까요?"

개인 사정을 확인함으로써 급매로 전환될 가능성을 알기 위함입니다.

나: "처음 창업은 언제 하셨어요?" "간판 인테리어는 모두 새로 하셨고요?"

점포 운영 기간을 확인함으로써 내부시설 상태를 예상해 볼 수 있습니다(권리 금액 대비 시설이 좋은지 확인). 고객이 얘기한 기간을 내가 따로 확인하려면 다음 지도에서 로드뷰를 시점별로 확인하여 고객의 창업 시점을 대략 판단할 수 있습니다.

나: "매출은 얼마나 나오세요?" "일 매출을 알려주시면 됩니다."

보통 장사 괜찮게 되는 점포는 자기의 일 매출 정도는 정확히 알고 있고, 말을 안 해 주거나 모르는 경우는 장사가 안되는 점포로 생각하시면 됩니다. 통화하면서 어떻게든 평일의 일 매출 구간(50~60만 원 정도라는 식으로)과 주말 일 매출(평일의 반 정도라는 식으로)을 확인하셔야 합니다. 일 매출을 물어보는 이유는 3개월 6개월 1년으로 계산할 수 있기 때문이며, 고객에게 1개월이나 1년으로 매출을 물어보면 잘 모르기 때문입니다.

매출을 확인하는 이유는 권리금이 적정한지를 판단할 수 있고 다른 업종이 들어갈 때 기본적인 수요를 대략 예상해 볼 수 있기 때문입니다.

> 나: "혹시 손님이 마음에 들어서 거래가 진행되면 권리금을 조정해
> 주실 수 있으세요?"

얼마냐고 물어보지 말고 내가 먼저 금액을 던져야 합니다. 답을 안 하거나 더듬거리면 내가 먼저 대략 50% 정도의 금액을 던져봅니다. 권리금은 현 임차인에게는 보증금과 유사한 재산권의 개념이기 때문에 민감한 부분입니다. 그 때문에 무조건 50%를 던지면 화내거나 다소 격앙된 반응을 보일 수 있습니다. 아래 권리금에 대한 깎는 기준을 제시했으니 참고하셔서 금액을 던지면 될 것 같습니다. 물론 이러한 사항이 모두 적용되는 것은 아니지만 경험상 말씀드리는 것이니 통화 전에 참고하시면 도움이 되실 겁니다.

첫 통화를 기준으로 볼 때 어느 정도를 깎으면 많이 깎는지에 대한 기준

① 권리금이 3,000만 원 이하이면 대략 50% 정도를 제안해서 성공한다면 대성공입니다. 경험상 3,000만 원 이하인 물건 가격 깎

기가 가장 쉽습니다. 참고로 가격이 가벼우므로 수요도 가장 많고 거래가 가장 많은 물건 구간입니다.

② 권리금이 5,000만 원 이하이면 50%는 무리이고(성공이면 급매물) 30~40% 정도 깎으면 많이 깎은 것입니다.

③ 권리금이 1억 이하이면 50%는 무리이고(성공이면 급매물) 20~30% 정도 깎으면 많이 깎은 것입니다.

④ 권리금이 1억 이상이면 50%는 무리이고(성공이면 급매물) 20~30% 정도 깎으면 많이 깎은 것입니다.

기분 나빠할 때 대응화법

나: "보통은 실제 권리계약을 쓸 때 최초 금액에서 할인된 금액으로 거래가 많이 되어서 여쭤본 겁니다. 그리고 요즘 경기가 상당히 어려워서 물건은 많이 나오는데 거래는 없고 손님들은 싼 것만 찾아서 여쭤본 겁니다." "사장님이 원하시는 금액으로 시작해보겠습니다."

권리를 깎아주지 않는다고 하면 이유가 있는데 그 이유를 꼭 물어보시기 바랍니다. 장사가 잘되어 권리가 높은 경우를 제외하고는 우리 입장에서 다 의미 없는 임차인의 욕심이라고 생각하시면 됩니다.

나: "사장님이 보실 때 어떠한 업종이 들어올 때 가장 장사가 잘될까요?"

현장에서 장사하는 사람 눈이 가장 정확합니다.

나: "건물주가 주지 않는 업종이 있나요?"

건물에 음식점이 없거나, 건물주가 음식점을 안 주려고 하는 경우, 신축인 경우는 보통 음식점을 주지 않으려 하므로 체크해야 합니다.

나: "주변 부동산에 권리금 얼마에 내놓으셨어요?"

손님 입장에서 물건이 마음에 들면 진행이 되는데, 점포 인근에 있는 부동산을 통해 권리금을 확인할 수도 있습니다. 내가 진행하는 권리금이 인근 부동산에 내놓은 권리금보다 높으면 신뢰가 깨져서 거래가 안 되니 반드시 점검합니다.

나: "사장님 휴대폰 번호 알려주시겠어요?"

(2) 다음 지도 로드뷰 물건작업

나: "사장님 자리에 계신가요?"

직원: "네 어디세요?" "사장님 없는데요?"

나: "사장님은 언제 나오시나요?" "XX 부동산에서 전화 드렸는데요." "손님이 있어서 전화를 드렸습니다." "제 연락처는 010-9999-9999입니다." "사장님께 전해 주세요."

사장에게 부동산에서 연락이 왔고 내 연락처가 전달되는 것이 중요합니다. 만약 내놨다면 연락이 오게 될 겁니다.

나: "네 부동산에서 전화 드렸습니다." "혹시 점포 내놓으실 의향 있으세요?"

점포주인: "관심 없습니다." "끊을게요." / "내놨다."

점포주인과 직원이 전화를 받을 때는 미묘하게 차이가 있습니다. 이것은 전화를 많이 하면 첫 통화 시 들리는 목소리만으로 직원인지 주인인지 알 수 있습니다. 젊은 사람보다는 나이 있는 분들은 티가 많이 납니다.

나: "저는 상가 전문부동산이라 손님이 많이 있는데요." "손님에게 맞는 물건을 소개해 드리려면 제가 몇 가지 정보를 여쭈어봐야 하는 데 5분 정도 통화 괜찮으시죠?"

나: "점포를 내놓으신 지는 얼마나 되셨어요?"
내놓은 지 오래됐다면 권리금이 인하될 가능성이 크므로 물어봅니다.

나: "왜 내놓으셨는지 여쭈어보아도 될까요?"
개인 사정을 확인함으로써 급매로 전환될 가능성을 알기 위함입니다.

나: "처음 창업은 언제 하셨어요?" "간판 인테리어는 모두 새로 하셨고요?"
점포 운영 기간을 확인함으로써 내부시설 상태를 예상해 볼 수 있습니다(권리 금액 대비 시설이 좋은지 확인). 고객이 얘기한 기간을 내가 따로 확인하려면 다음 지도에서 로드뷰를 시점별로 확인하여 고객의 창업 시점을 대략 판단할 수 있습니다.

나: "매출은 얼마나 나오세요?" "일 매출을 알려주시면 됩니다."

보통 장사 괜찮게 되는 점포는 자기의 일 매출 정도는 정확히 알고 있고, 말을 안 해 주거나 모르는 경우는 장사가 안되는 점포로 생각하시면 됩니다. 통화하면서 어떻게든 평일의 일 매출 구간(50~60만 원 정도라는 식으로)과 주말 일 매출(평일의 반 정도라는 식으로)을 확인하셔야 합니다. 일 매출을 물어보는 이유는 3개월 6개월 1년으로 계산할 수 있기 때문이며, 고객에게 1개월이나 1년으로 매출을 물어 보면 잘 모르기 때문입니다.

매출을 확인하는 이유는 권리금이 적정한지를 판단할 수 있고 다른 업종이 들어갈 때 기본적인 수요를 대략 예상해 볼 수 있기 때문입니다.

나: "혹시 손님이 마음에 들어서 거래가 진행되면 권리금을 조정해 주실 수 있으세요?"

얼마냐고 물어보지 말고 내가 먼저 금액을 던져야 합니다. 답을 안 하거나 더듬거리면 내가 먼저 대략 50% 정도의 금액을 던져봅니다. 권리금은 현 임차인에게는 보증금과 유사한 재산권의 개념이기 때문에 민감한 부분입니다. 그 때문에 무조건 50%를 던지면 화내거나 다소 격앙된 반응을 보일 수 있습니다. 아래 권리금에 대한 깎는 기준을 제시했으니 참고하셔서 금액을 던지면 될 것 같습니다. 물론 이러한 사항이 모두 적용되는 것은 아니지만 경험상 말씀드리는 것이니 통화 전에 참고하시면 도움이 되실 겁니다.

첫 통화를 기준으로 볼 때 어느 정도를 깎으면 많이 깎는지에 대한 기준

① 권리금이 3,000만 원 이하이면 대략 50% 정도를 제안해서 성공한다면 대성공입니다. 경험상 3,000만 원 이하인 물건 가격 깎기가 가장 쉽습니다. 참고로 가격이 가벼우므로 수요도 가장 많고 거래가 가장 많은 물건 구간입니다.

② 권리금이 5,000만 원 이하이면 50%는 무리이고(성공이면 급매물) 30~40% 정도 깎으면 많이 깎은 것입니다.

③ 권리금이 1억 이하이면 50%는 무리이고(성공이면 급매물) 20~30% 정도 깎으면 많이 깎은 것입니다.

④ 권리금이 1억 이상이면 50%는 무리이고(성공이면 급매물) 20~30% 정도 깎으면 많이 깎은 것입니다.

기분 나빠할 때 대응화법

나: "보통은 실제 권리계약을 쓸 때 최초 금액에서 할인된 금액으로 거래가 많이 되어서 여쭤본 겁니다. 그리고 요즘 경기가 상당히 어려워서 물건은 많이 나오는데 거래는 없고 손님들은 싼 것만 찾아서 여쭤본 겁니다." "사장님께서 원하시는 금액으로 시작해보겠습니다."

권리를 깎아주지 않는다고 하면 이유가 있는데 그 이유를 꼭 물어보시기 바랍니다. 장사가 잘되어 권리가 높은 경우를 제외하고는 우리 입장에서 다 의미 없는 임차인의 욕심이라고 생각하시면 됩니다.

나: "사장님이 보실 때 어떠한 업종이 들어올 때 가장 장사가 잘될
   까요?"
현장에서 장사하는 사람 눈이 가장 정확합니다.

나: "건물주가 주지 않는 업종이 있나요?"
건물에 음식점이 없거나, 건물주가 음식점을 안 주려고 하는 경우,
신축인 경우는 보통 음식점을 주지 않으려 하므로 체크해야 합니다.

나: "주변 부동산에 권리금 얼마에 내놓으셨어요?"
손님 입장에서 물건이 마음에 들면 진행이 되는데, 점포 인근에 있
는 부동산을 통해 권리금을 확인할 수도 있습니다. 내가 진행하는 권
리금이 인근 부동산에 내놓은 권리보다 높으면 신뢰가 깨져서 거래
가 안 되니 반드시 체크해야 합니다.

나: "사장님 휴대폰 번호 알려주시겠어요?"

(3) 로드 숍 임대문의 전화통화

오프라인 물건작업(명함작업) 할 때 다니면서 공실 임대문의 쓰여
있는 것을 보고 전화하는 것을 말합니다. 강남의 경우는 공실 임대문
의 사진을 모두 찍고 사무실 들어와서 한 번에 전화통화를 합니다.

나: "임대문의 보고 연락드립니다." "점포 거래됐나요?"
상대방: "네" / "아니요"

상대방은 '건물주' '건물관리인'아니면 '부동산'입니다.

나: "임대조건이 어떻게 되나요?"(전용면적, 보증금, 월세, 관리비, 권리금)

나: "권리금 조정이 되나요?"(신축 또는 공실이 아닐 경우)

나: "사장님(건물주나 임차인)이 보실 때 어떠한 업종이 들어올 때 장사가 가장 잘될까요?"

나: "업종제한이 있나요?"

나: "주소 불러주세요."
(통화 중 자동녹음 기능을 사용하면 주소를 찾지 않고 통화 내용을 들으면서 기재를 할 수 있습니다.)

TA 물건작업에 대한 추가설명

다음 지도 로드뷰로 물건작업을 하면서 직접 주인과 통화를 하기 전까지는 점포를 내놨는지 안 내놨는지를 알 수가 없습니다. 처음에는 사장과 전화 연결이 되어야 하고 전화 연결이 어려우면 부동산인 내 연락처를 사장에게 전달되게 해야 합니다. 그렇게 해야 가게를 내놨다면 내게 연락이 올 것입니다. 사장과 바로 통화가 된다면 내놓을 의향이 있는지를 물어봐야 합니다.

내놓을 의향이 있는 경우는 일간 지역정보지와 인터넷커뮤니티에서의 방법과 동일하게 진행하면 됩니다. 다만 물건에 대한 정보가 없으니 평수 보증금 월세와 같은 기본정보는 물어봐야 합니다. TA 전화 작업의 핵심은 전화하면서 현재 임차인의 심리를 파악해서 급매물로 전환될 가능성이 있는지를 확인하는 것입니다. 급매물로의 전환이란 권리금을 40% 이상 깎는 것을 말합니다.

09
통상적으로 받는 컨설팅 수수료
(권리가 있는 건일 때 해당)

(1) 서울의 경우 500만 원 정도

(2) 지방의 경우 300만 원 정도

저는 지방과 서울 두 곳에서 모두 계약을 쓴 경험이 있습니다(물론 4~5년이라는 시점의 차이는 있습니다). 결론을 말씀드리면 서울과 지방은 확실히 중개 보수에 대한 시선과 분위기가 다릅니다. 서울의 경우 500만 원 정도는 되지만 대구의 경우 300만 원 정도인 것 같습니다. 대구가 우리나라에서 다섯 손가락 안에 들어가는 광역시라는 점을 감안하면 부산을 제외한 나머지는 대구에서의 가격과 비슷하거나 이하라는 생각을 해보게 됩니다.

(위에서 언급한 금액은 무조건 받는다는 개념이 아닌 우리가 최소한 받아야 하는 금액으로 이해하시면 될 것 같습니다) 이렇게 말하는 근거는 첫 번째는 저의 경험이고, 두 번째는 통계입니다. 서울지역이

지방보다 전체 중개업자의 연봉 수준이 더 높습니다(물론 주거용 부동산이 대부분이고 서울지역이 지방보다 가격이 비싸므로 중개 보수가 올라가서 발생하는 현상이지만 상가 월세의 흐름은 서울보다 지방이 저렴하기에 전체적인 맥락은 맞는다고 봅니다). 저의 경험을 조금 더 구체적으로 말씀드리면 2013년 9월 대구지역에 있는 상가 전문부동산에서 소장이 했던 말이 기억납니다. '우리는 최저 300만 원, 한쪽에서 150만 원은 받는다'라고 말했습니다(6년 전 기억이라 시점 차이에 따른 영향은 있을 수 있겠네요).

과거로부터 계약을 생각해본다면 권리 이전 작업으로 계약을 쓰는 부동산보다는 상가 초보 부동산들의 법정 중개 수수료율을 적용한 계약이 더 많았을 것이고 이러한 경험을 해본 자영업자들은 거래했던 금액을 가격 상한선으로 생각해서 그 이상을 주지 않으려고 하는 가격 저항선 역할도 한다고 생각합니다. 또한, 개인적인 견해이긴 하지만 지역 특성상 대구의 경우 남성분들이 대체로 강한 성향을 지니고 있으므로 자기 주장을 관철하려는 의지가 상당합니다(물론 아닌 경우도 있습니다). 따라서 중개 보수 협의 시에도 영향을 미칠 수 있으므로 적절한 대응이 필요합니다.

10

네이버 카페
활용전략

광고로서의 활용과 물건확보의 활용 두 가지입니다. 네이버 카페에서 점포 직거래사이트의 대표 격이라 할 수 있는 두꺼비 하우스를 소개하면서 커뮤니티 활용에 대하여 말씀드리겠습니다(https://cafe.naver.com/dohouse).

인터넷커뮤니티의 활용은 3가지입니다.
(1) 물건확보
(2) 광고
(3) 타 상가 전문중개업자의 광고방식 참고(우리는 초보이기에 현업에 있는 상가 전문중개인의 방식을 참고할 필요가 있습니다)

(1) 물건작업의 활용

① 물건작업의 두 가지 방법
- 현재 시점에서 과거 시점까지의 전화 작업

현재 시점에서 올라온 물건을 전화 작업하면서 과거 시점까지 역순으로 전화 작업을 하는 방법입니다.
- 과거 시점에서 현재 시점까지의 전화 작업

과거 시점에 올라온 물건을 먼저 전화 작업하면서 현재까지 시간순으로 작업하는 방법입니다.

② 임차인의 심리 파악하기
오늘 나온 물건이라도 임차인 개별 성향과 환경에 따라 얼마든지 급매물로 권리가 떨어질 수 있습니다. 이것은 통화하면서 체크하셔야 합니다. 다른 중개업자와의 차이를 만들기 위해서 대단히 중요한 포인트입니다.

③ 물건의 시점별 내용 파악하기
인터넷 카페 상에 나와 있는 물건의 시점이 오늘일지라도 내가 확인한 것이 오늘일 뿐 임차인 입장에서 물건을 내놓은 시점을 확인해야 합니다. 임차인의 아이디를 클릭해서 처음 물건을 내놓은 시점을 확인합니다. 처음에 권리가 얼마였고 지금은 얼마인지를 체크합니다. 과거 기간 동안 얼마의 권리가 떨어졌는지를 확인함으로써 임차인의 성향을 파악할 수 있습니다. 이러한 성향을 알고 모르고의 차이는 엄청난 결과로 이어질 수 있습니다. 임차인과의 전화 작업을 할 때 임차인이 기분 나쁘지 않게 알면서도 당하게 하는 화법이 필요합니다.

(2) 광고하기

다른 중개업자들이 광고하는 것을 먼저 보시는 걸 추천합니다. 지역란은 강남구 쪽이 가장 활성화되어 있습니다. 강남구에 올라오는 글 중 90%는 중개업자라고 생각하시면 됩니다.

초보자 입장에서 콘셉트도 없고 어떻게 해야 할지를 모르니 가장 많이 글을 올리는 중개업자 10명 정도의 아이디를 조사할 필요가 있습니다. 중개업자의 아이디를 클릭하면 중개업자가 언제부터 카페에서 활동했고 얼마나 많은 양의 글을 올렸는지를 확인할 수 있습니다. 그리고 조회 수를 보셔야 합니다. 임의의 중개업자가 올린 글 중에서도 조회 수가 차이가 나는 것을 볼 수 있습니다. 조회 수가 많은 것은 제목이 클릭을 유도하기 때문입니다.

이러한 샘플을 30개 정도 모아서 따로 저장하시기를 추천합니다. 그러면 어느 일정한 패턴이 보일 겁니다. 내가 인터넷커뮤니티나 블로그에 광고할 때 이러한 패턴을 참고해서 광고를 하면 효과를 바로 볼 수 있습니다. 마찬가지로 상가 전문중개업자들이 광고하는 내용도 보셔야 합니다.

필수 정보

- 점포에 대한 필수내용 - 평수, 보증금, 월세, 관리비, 권리금
- 상권과 입지에 대한 설명 - 구체적으로 드러나게 설명하면 타 중개업자의 물건이 됩니다. 동까지는 오픈해서 광고합니다.
- 현재 시설의 활용에 대한 설명 - 손님 입장에서 현재 시설을 사용할 때 비용 절감 이 될 테니 이러한 부분을 부각해 설명합니다.
- 월 매출과 순이익 - 임차인에게 물어봐서 내용을 공개합니다. 양도양수에는 필수 정보가 되며 업종 변경 건인 경우에도 권리금이 있어서 권리금을 줘야 하는 상황 을 인지하게 됩니다.
- 권리금의 공개 여부 - 공개하는 것이 좋습니다. 대부분의 중개인도 공개하고 있 습니다.
- 사진의 공개 여부 - 실제 사진을 공개하는 것이 좋습니다. 다만 주변에 있는 점포 명이나 전화번호 같은 건 모자이크 처리 후 공개하셔야 합니다.

인터넷커뮤니티의 활용은 필수입니다. 다만 활용 가능한 것들은 많 이 있고 시간은 한정되어 있으니 자신에게 잘 맞는 것을 우선순위로 정해서 일을 해야 합니다. 물건작업은 충분히 활용 가능합니다. 설령 다른 부동산도 가지고 있는 물건이라도 권리금에 경쟁력을 가지면 유 리합니다. 타 부동산과 특별한 관계가 아니라면 권리금에서 내가 경쟁 력이 있으면 나를 선택하게 됩니다. 물론 인간적인 관계가 선행되어야 하는 것은 당연하니 말씀드리지 않겠습니다. 광고의 경우는 네이버 손 님보다 인터넷커뮤니티 손님이 더 까다롭습니다.

네이버 손님과 인터넷 카페 손님은 성향이 다릅니다. 콜 수 대비한 진성손님의 확률은 네이버 쪽이 더 높습니다. 계약은 어디에서 나올 지 모르는 것이기 때문에 병행해서 작업하는 것이 가장 좋은 방법입 니다.

강성일

건국대학교 부동산학과 졸업

(주)ING생명 3년(개척영업으로 MDRT 3w 57주 연봉 1억 달성)

(주)이크레더블 4년(기업신용평가회사 법인영업담당)

(주)제너시스비비큐그룹 1년(가맹영업담당 2015년 기준 3등 실적 달성)

(前)상가중개전문 공인중개사 사무소 4년간 운영(개업공인중개사, 연봉 1억 달성)

(現)강남에서 빌딩중개법인 소속 공인중개사로 활동 중

(現)연봉2억에 도전하는 부동산중개영업실무 네이버 카페 운영 중(무료교육)

프로세일즈 13년 차

부동산중개업 6년 차

저자가 운영하는 네이버 카페

연봉2억에 도전하는 부동산중개영업실무

https://cafe.naver.com/insunavi

※ 무료강의 질의응답 및 책에 없는 노하우를 공유하고 있습니다.

유튜브 검색(상가중개영업 강 소장)